Marinilza Bruno de Carvalho
Antonio Carlos de Azevedo Ritto

EMPREENDEDORISMO E INOVAÇÃO

NOVAS COMPETÊNCIAS PARA A GESTÃO DA INOVAÇÃO

Marinilza Bruno de Carvalho
Antonio Carlos de Azevedo Ritto

EMPREENDEDORISMO E INOVAÇÃO

NOVAS COMPETÊNCIAS PARA A GESTÃO DA INOVAÇÃO

EDITORA CIÊNCIA MODERNA

Empreendedorismo e Inovação – Novas Competências para a Gestão da Inovação

Editor: Paulo André P. Marques
Produção Editorial: Dilene Sandes Pessanha
Capa: Daniel Jara
Diagramação: Daniel Jara
Copidesque: Equipe Ciência Moderna

FICHA CATALOGRÁFICA

CARVALHO, Marinilza Bruno de; RITTO, Antonio Carlos de Azevedo.

Empreendedorismo e Inovação – Novas Competências para a Gestão da Inovação

Rio de Janeiro: Editora Ciência Moderna Ltda., 2020.

1. Consciência 2. Administração de empreendimentos
I — Título

ISBN: 978-85-399-1099-1

CDD 126
658.9

Editora Ciência Moderna Ltda.
R. Alice Figueiredo, 46 – Riachuelo
Rio de Janeiro, RJ – Brasil CEP: 20.950-150
Tel: (21) 2201-6662/ Fax: (21) 2201-6896
E-MAIL: LCM@LCM.COM.BR
WWW.LCM.COM.BR

06/20

Sumário

Capítulo 2

Prefácio

O mundo atual, em consequência dos saltos tecnológicos das últimas décadas, impôs uma intensa modificação nos padrões de relacionamento pessoal, educacional e de trabalho. São quase inexistentes os casos em que indivíduos ou instituições públicas e privadas não estabeleçam algum tipo de relação com as tecnologias que permeiam nossas atividades.

Esta avalanche de ferramentas e conceitos obriga a todos nós a lidar com estas mudanças através da criatividade e compartilhamento de conhecimento. Neste sentido, cabe destacar que qualquer um, indivíduo ou instituição, que desafia esta evolução, coloca-se numa situação de fracasso iminente.

As relações de trabalho e o perfil profissional foram modificados, alterados para um contexto não só de competência e expertise em um determinado tema, mas também na criatividade, autonomia e gerenciamento de relações.

Empreendedorismo e inovação, muito além dos conceitos estabelecidos pela literatura, tornou-se um binômio que condensa este novo perfil profissional e as relações de trabalho, sendo uma ferramenta que transforma o indivíduo, quebra paradigmas, desenvolve comportamentos, cria oportunidades e melhora processos.

É neste ambiente em ebulição constante que observamos a criação de startups que, incentivadas por ações governamentais e não governamentais, fazem a ponte entre a sociedade e o saber. Porém, seu crescimento numérico sem mentoria, orientação ou qualquer outro tipo de suporte que possa guiar seu desenvolvimento e voo no mercado produtivo, também determinará seu desfecho.

Entender este ambiente de mudança permanente e nele criar, experimentar novidades, propor mudanças e alavancar processos produtivos exige cada vez mais maturidade, capacidade de adaptação e comportamento moral obediente a padrões internacionais de legislação e de produção que se resumem em elevados níveis de ética e compliance. Esta a oportunidade e o valor das discussões que são abertas neste livro. Na verdade um começo de conversa que ainda demandará muitas discussões e, sobretudo, muita evolução. Estamos tratando de assuntos que insistem em não estacionar e indicam que ainda possuem muita energia para evoluções.

As Startups proliferam, dando voz e oportunidade de manifestação a uma juventude que quer se engajar no mundo da produção, no mundo do trabalho, na participação social.

E o processo evolui rapidamente; já lidamos com Startups Unicórnio, cujo valor ultrapassa 1 bilhão de dólares, e Scaleups, nome atribuído a Startups que atingiram a adolescência no mercado, já validaram seus pressupostos e são economicamente sustentáveis.

Profª.a Maria Isabel de C. de Souza
Professora Titular UERJ

Introdução

As relações de produção, o mercado e a inserção das pessoas no mercado de trabalho e no processo produtivo como conhecemos hoje será completamente diferente em poucos anos como consequência das mudanças que já são experimentadas na sociedade. A própria ciência já apresenta grandes mudanças tanto nos seus processos como nos seus resultados.

A ciência do futuro, sobretudo na dimensão da tecnologia e suas aplicações, estará crescentemente voltada com as redes sociais, tanto nas teorias, como nos métodos e mesmo nos seus resultados que deverão estar mais comprometidos com a experimentação, com práticas efetivas e com a localidade de seus resultados.

Constata-se uma reestruturação mundial decorrente de processos de intensa inovação tecnológica na microeletrônica e eletrônica digital, concepção, produção e consumo, TIC, robótica, nanotecnologia, biotecnologia...

A "Era do Conhecimento" estabelece um novo paradigma técnico-econômico mundial. Observa-se um aperfeiçoamento nos produtos, informatização e automação de processos de produção, economia de energia na produção, substituição de matérias-primas convencionais por outras, mais leves, elaboradas.

Observa-se também a substituição de trabalho não qualificado pelo trabalho cada vez mais qualificado ao lado de um aumento na velocidade da evolução nas informações cuja dinâmica é acelerada pelas inovações tecnológicas sustentadas, sobretudo, em conhecimentos científicos. Há sinergia entre conhecimentos científicos, empíricos ou intuitivos para geração de riqueza e agregação de valor.

A ênfase passa a ser na capacidade de aprender e inovar, considerados processos cruciais para a produtividade dos agentes, e não na capacidade de adquirir e utilizar novas tecnologias e equipamentos. O conhecimento tácito – que geralmente só pode ser transferido por meio do aprendizado interativo – é crucial para decodificar a informação, para fazer uso eficiente de novas tecnologias e para gerar novo conhecimento.

Para Anne-Marie[1], as mudanças "globais digitais", na velocidade em que ocorrem, criam um mercado de trabalho cada vez mais rápido, barato e individualizado. As empresas não conhecem suas concorrentes, os trabalhadores têm colegas de trabalho que nunca viram e não há mais estabilidade. Segundo a futuróloga, esse cenário já existe em alguns ambientes, mas deve ser acentuado no futuro. "Meu pai teve um emprego, eu tive seis. Meus filhos, muito provavelmente, terão seis ao mesmo tempo". O lado bom de trabalhar onde você quiser, sem vínculos vitalícios e com liberdade para criar é a infinidade de oportunidades que podem surgir. O jovem do futuro não vai trabalhar só para aprender e ganhar um salário. O trabalhador de amanhã provavelmente terá como propósito inovar em busca de um mundo melhor, afirma Anne.

Para sobreviver à avalanche de informações e mudanças, é fundamental que os jovens se organizem, criem grupos e comunidades, reduzam as distâncias. Ser criativo, admitir cometer erros e fazer perguntas nem sempre inteligentes, também ajuda a lidar com a complexidade do mercado de trabalho e entender as oportunidades. A empatia, o bom relacionamento e o bom desempenho em projetos são essenciais assim como estar atento para perceber e aproveitar novas oportunidades.

De acordo com a OMS, estresse, ansiedade e depressão serão os principais problemas de saúde da humanidade no futuro. Isso é o resultado de pessoas sobrecarregadas, imersas em ambientes de mudanças rápidas e radicais. A falta de estabilidade, seja no mercado de trabalho ou na vida pessoal, faz com que os jovens "vivam várias vidas em uma só".

Anne-Marie Dahl afirmou que estamos em um momento de transição da sociedade da informação, do Big Data, das máquinas assumindo funções humanas, para a era da sociedade emocional, onde o mais importante será a criatividade e a empatia. Empregos fixos serão substituídos por 'trabalhos fluidos e globais'. Em grande escala, todo mundo é afetado pelas mesmas megatendências: globalização, digitalização e individualização (Dahl, 2018).

Tecnologias disruptivas irão destruir e criar novas funções.

---

[1] DAHL, Anne Marie, Sociedade emocional e futuro do trabalho, texto de Natália Oliveira, https://www.consumidormoderno.com.br/2018/12/03/sociedade-emocional-e-futuro-do-trabalho/, Wired Festival 2018

Isso não é novo, sempre aconteceu. O novo é a velocidade. As mudanças não são mais óbvias, você não sabe quais são os seus competidores. Eles podem estar do outro lado do mundo. Uma empresa aqui no Brasil pode contratar profissionais da China. O trabalho remoto não respeita fronteiras.

Como é possível ser uma sociedade mais global e mais individual ao mesmo tempo? Como a popularização das redes sociais influencia nesse sentido?

Olhando para megatendências como globalização, individualização, digitalização etc. é possível discutir como elas irão afetar o mercado de trabalho, os consumidores, famílias e ter uma discussão estratégica sobre os possíveis efeitos. Você não sabe exatamente o que vai acontecer, mas sua mente e seus planos estarão preparados.

Para a melhor previsão do futuro é necessário estar atento às pesquisas e, sobretudo, aos estudos sobre megatendências. Mas é necessário usar as megatendências sabendo que o espírito do tempo pode mudar devido a possíveis contratendências. Apenas como exemplo, nos últimos anos as empresas se preparam para um mundo mais global. Contudo, foi possível verificar uma contra tendência de globalização em vários lugares do mundo, com destaque para os Estados Unidos com a estratégia de Donald Trump de privilegiar os bens produzidos no país e restringir importações.

No planejamento de cenários, você compõe diferentes visões de futuro combinando megatendências e possíveis contratendências e discutindo desafios futuros em cada um deles. Com cenários, você fica mais bem preparado para diferentes futuros e mudanças no espírito do tempo.

Dahl (2018) cogita caminhos para ambientes de trabalho e para o processo produtivo e para o consumo:

1. Robôs e Big Data resolverão muitas das funções no futuro e será normal ter robôs como colegas.

2. O mercado de trabalho será em muitos aspectos virtual e global e será normal morar no Brasil enquanto se trabalha para uma empresa na Europa. Trabalho virtual não aceita fronteiras.

3. No futuro, existirão menos trabalhos fixos, a maior parte das pessoas trabalhará em projetos, constantemente buscando o próximo. Para ser bem-sucedido no mercado de trabalho flutuante, você terá que desenvolver um novo talento que possa oferecer, no desenvolvimento dos projetos e investir no networking para conseguir o próximo trabalho.

4. Funções humanas serão especificamente conectadas a qualidades humanas como empatia, criatividade, sociabilidade - o tipo de trabalho que robôs ainda não são capazes de executar.

5. Estamos caminhando em direção a uma sociedade emocional, o que significa que a maior parte das pessoas vai trabalhar com projetos inovadores e na economia de experiências, desenvolvendo produtos com uma história ou marca especial, além de eventos, serviços e turismo.

A palavra caórdico tem sua origem em duas palavras Caos e Ordem significando comportamento dos organismos vivos, organização ou sistema autogovernado que combina características de ordem e caos.

Este conceito não é uma coisa nova, é apenas uma observação sobre o universo, já feita por outras pessoas, para outras áreas, como se pode notar em Física Quântica, ou mesmo na Teoria do Caos, ou ainda numa vertente de Psicologia chamada Gestalt. Ele ajuda a compreender que não se pode analisar o todo analisando uma parte, isoladamente. Não podemos entender o funcionamento do corpo humano por intermédio da análise de uma célula do fígado, dos fenômenos do universo por intermédio da análise de uma partícula subatômica, ou de uma cultura organizacional apenas olhando seu departamento de contabilidade.

Isto nos leva a fazer uma analogia com os projetos e o gerenciamento de projetos. Quantas coisas são previsíveis, mas indeterminadas? Como um gerente consegue lidar com tanto caos, e mesmo assim conseguir organizá-lo?

A ênfase passa a ser na capacidade de aprender e inovar, considerados processos cruciais para a produtividade dos agentes, e não na capacidade de adquirir e utilizar novas tecnologias e equipamentos.

O conhecimento tácito – que geralmente só pode ser transferido por meio do aprendizado interativo – é crucial para decodificar a informação, para fazer uso eficiente de novas tecnologias e para gerar novo conhecimento.

Modelos de aprendizagem colaborativa em tecnologia visam a criar e multiplicar conhecimento e facilitar inovação e a inauguração de novos processos de Produção.

Os novos modelos de aprendizagem e de produção se desenvolvem em diversos tipos de espaços colaborativos, contando com pessoas de áreas e vivências diferenciadas. São ambientes que promovem o estímulo à criatividade e a inovação.

A Pessoa Moderna é um sujeito autônomo emancipado pela ciência com a razão exercendo autoridade sobre mitos e valores tradicionais. Seus inimigos são as trevas, a tradição, a ideologia, a irracionalidade e a ignorância. Este sujeito está instrumentalizado e em busca de produtividade e resolução técnica de problemas. É individualista, materialista, cartesiano. A separação cartesiana de mente e matéria foi historicamente inevitável, para que a ciência pudesse seguir um curso livre sem colisões com a teologia. Era necessário estudar a matéria sem preconceitos teológicos, a fim de obter compreensão da mecânica e das interações que modelavam toda a matéria, incluindo os vivos e conscientes. Foi essa distinção radical, posta como um axioma, que criou a ciência moderna. Esse acontecimento produziu-se no Ocidente cristão; a Igreja reconhecia uma distinção fundamental entre o domínio do sagrado e o do profano. Permitia somente que a ciência buscasse seus caminhos, contando que não invadisse o domínio do sagrado.

Os pontos fortes deste sujeito (Pessoa Moderna) são a vitalidade e a criatividade somadas à vontade de experimentar novas ideias que transcendam os valores tradicionais. Entre os pontos fracos está sua inclinação por ações que destroem o ambiente, excluem pessoas e os efeitos negativos do progresso. Sujeito descentrado, fragmentado, egoísta, individualista, narcisista; o narcisismo não é só supervalorização do eu e das próprias habilidades, é também a desvalorização dos outros e de suas contribuições.

No século XX a consciência da relatividade de Einstein, a quântica de Plank, a complementaridade de Neils Bohr, a incerteza e indeterminação de Werner Heisenberg, a incompletude de Gödel, alteraram para sempre o curso materialista, separatista. Doravante é necessário reconhecer a complexidade, entender o caos. O ser humano só é revelado em sua complexidade; é ao mesmo tempo, totalmente biológico e totalmente cultural. Cada pessoa está mergulhada num número de comunidades cada vez mais complexo e diverso – consumidores, concorrentes, fornecedores, cidades, estados, nações, governos, igrejas, corporações, escolas e inúmeras outras instituições e entidades. No nível sensorial, superficial, agimos continuamente, experimentamos os resultados desses atos, aprendemos com a experiência, tomamos decisões baseadas no que aprendemos e agimos de novo. Isso não acontece de maneira linear, singular, mas num fluxo contínuo e integrado de inúmeros eventos, segundo a segundo, minuto a minuto, hora a hora. E nem esse fluxo de ação, experiência, aprendizado e decisão pode ser completamente voluntário e controlado. Inúmeras outras pessoas e organizações estão engajadas nesse mesmo fluxo. Somos afetados pelos seus atos, experiências e julgamentos e precisamos reagir.

Hoje é impossível ter do Universo uma visão clara e distinta. É impossível isolar o ser vivo de seu ecossistema, o indivíduo de sua sociedade, o sujeito do objeto. Precisamos trabalhar e pensar não somente com clareza e distinção, mas também com o vago e obscuro. O mundo se tornou um lugar estranho e enigmático, no qual não podemos mais contar com o que sabíamos, e ainda não nos sentimos apoiados por novas fontes de confiança. Há várias possibilidades de perceber a realidade e tratar a verdade – todas lógicas. O objetivo do conhecimento não é descobrir o segredo do mundo, é dialogar com o mistério. O sujeito moderno é individualista, mas não sabe lidar com a solidão.

Tudo isso reclama uma Nova Pessoa que conviva em rede, relacione-se com fraternidade, menos privado, menos competitivo e mais cooperativo, inclusivo, convivendo num hiperespaço onde entrega e recebe numa auto-organização permanente de suas estruturas e de seus processos, capaz de mapear sua posição neste espaço mutante e continuar atuando em cooperação com ele e que saiba conviver com a permanente explosão de heterogeneidades semânticas e dissonâncias cognitivas entre os vários atores, construtores do hiperespaço.

No mundo contemporâneo o coletivo parece prevalecer. A inteligência coletiva é uma inteligência distribuída por toda parte, incessantemente valorizada, coordenada em tempo real, que resulta de uma mobilização efetiva das competências dos sujeitos que, interagindo com diversas comunidades, animam o espaço do saber e que são ao mesmo tempo singulares, múltiplos, nômades e em vias de metamorfose, de aprendizado permanente.

Em um mundo global e digital, a pessoa pode se inspirar em tendências de todas as partes do planeta, escolhendo e selecionando o que quiser para desenvolver seu estilo de vida único, e mostrar para o mundo o quão especial a pessoa é por meio das redes.

Na sociedade industrial, o mais importante era ter músculos para poder trabalhar pesado nas fábricas. Na sociedade da informação, as máquinas tomaram conta e as pessoas migraram para escritórios e lojas onde usam seus cérebros e onde é importante ser racional.

Existe uma forte relação entre o desenvolvimento de um país e seus esforços em Ciência, Tecnologia e Inovação (C,T&I). Investimentos em pesquisa e desenvolvimento são instrumentos para mudar a dimensão da participação de uma sociedade no ambiente produtivo global.

Países com economias desenvolvidas têm intensa atividade de pesquisa, desenvolvimento e inovação nas empresas, financiadas por elas próprias e pelos governos. Países mudaram intensamente seu padrão de desenvolvimento através de políticas industriais articuladas com as políticas de C,T&I.

Há no Brasil massa crítica para uma gradual aproximação aos níveis tecnológicos das economias desenvolvidas.

O Governo (MCTI) propõe um modelo de parceria integrando Governo, Empresas e Universidades e Centros de Pesquisa, Figura 1, na linha da proposta de Tripla Hélice, como atores principais com vistas a incentivar inovação.

Figura 1 - Principais Atores Institucionais

Trabalhar com inovação e criatividade exige que você use suas qualidades humanas e em especial o seu coração. Para as empresas, isso significa que você tem que lidar com trabalhadores mais sensíveis e se as condições de trabalho e a liderança não forem boas, eles irão ficar estressados ou deixar a empresa. Os jovens estão sendo criados em uma sociedade muito mais emocional e esperam se divertir e se desenvolver como pessoas únicas no ambiente de trabalho.

As iniciativas pessoais estarão no centro das origens das mudanças. O Emprego está em declínio, mas o trabalho não.

Os espaços de coworking e as iniciativas de Startups serão lugares de busca de inserção nos espaços produtivos locais e globais.

Capítulo 1

Inovações Tecnológicas em Ambiente VUCA - Volátil, Incerto, Complexo, Ambíguo[1]

1.1 À guisa de Introdução

Vivemos um momento de inovação radical, de muitas e intensas transformações com base na tecnologia. Estas transformações estão no nível daquelas que decorreram da invenção da imprensa por Gutemberg. Imprimir para quem se poucos sabem ler? Por outro lado, aprender a ler para ler o que se o acesso é restrito? Mas a partir da imprensa, uma grande quantidade de pessoas, inimaginável para a época, passou a ler, se informar, se transformar e transformar suas percepções, alargar suas consciências a respeito do mundo; Gutemberg mudou a realidade das pessoas, provocou uma expansão na consciência; novos conhecimentos fazem isso.

Os instrumentos da tecnologia estão promovendo mudanças paradigmáticas intensas e em grande velocidade. Novas estruturas de produção e novos modelos de negócios se utilizam cada vez mais intensamente de inteligência cognitiva.

Cognição é um processo pelo qual o ser humano interage com os seus semelhantes e com o meio em que vive, sem perder a sua identidade existencial. Ela começa com a captação dos sentidos para em seguida ocorrer a percepção. É, portanto, um processo de conhecimento, que tem como material a informação do meio em que vivemos e o que já está registrado na nossa memória. Na medida em que as novas tecnologias se envolvem com inteligência cognitiva, as pessoas experimentam saltos de qualidade nas suas percepções e expandem suas consciências.

Inteligência Cognitiva é o conjunto dos processos mentais usados no pensamento, na classificação, reconhecimento e compreensão para o julgamento, através do raciocínio, para o aprendizado de determinados sistemas e soluções de problemas.

[1] No inglês VUCA - Volatile, Uncertain, Complex, Ambiguous

Cognição é a forma como o cérebro percebe, aprende, recorda e pensa sobre toda informação captada através dos sentidos. Mas a cognição é mais do que simplesmente a aquisição de conhecimento é também um mecanismo de transformação do nosso modo de ser no mundo (Piaget, 1994, 2013).

Já não são apenas as pessoas que estão conectadas e participando de trocas nas redes. Os computadores, os carros, as roupas, as construções etc. estão conectados trocando informações, informando e sendo informados. Em pouco tempo, com a Internet das Coisas, quase tudo estará trocando informações com quase tudo.

E isso com informações armazenadas nas Nuvens, num processo de buscas facilitado por Big Data e à disposição de todos através de instrumentos de Realidade Aumentada possibilitando acesso superlativo a informações relevantes com consequências intensas na expansão do conhecimento e da consciência das pessoas.

1.2 Tecnologia e Subjetividade – Expansão da Consciência

A consciência tem sido estudada por cientistas e espiritualistas de diversas linhas de pensamento. Nas últimas décadas, mormente na década de 1990, a década do cérebro, houve um grande aprofundamento no conhecimento científico a respeito do cérebro, com destaque para os estudos da consciência. Destaquem-se, sobretudo, os estudos e resultados superlativos publicados pelos pesquisadores neurocientistas (Ritto, 2017).

A consciência é a percepção imediata do sujeito daquilo que se passa, dentro ou fora dele. A capacidade de reconhecer as coisas como fora de si implica o poder de observar a diferença entre si e o objeto do qual está consciente. Consciência é uma qualidade da mente que abrange subjetividade, autoconsciência, sabedoria, capacidade de perceber a relação entre si e o ambiente.

Manfred Frank (Frank, 2002) constrói uma relação entre consciência, autoconsciência e autoconhecimento:

1. Consciência pressupõe autoconsciência. Não há como alguém estar consciente de alguma coisa sem estar consciente de estar consciente dessa coisa.

2. A autoconsciência é pré-reflexiva. Se a autoconsciência fosse o resultado da reflexão, então só teríamos autoconsciência após termos consciência de alguma coisa que fosse dada à reflexão. Mas esse não é o caso, uma vez que a autoconsciência é anterior à reflexão.

3. Autoconsciência e consciência são distintas logicamente, mas funcionam de maneira unitária.

4. O autoconhecimento, a consciência reflexiva ou consciência de segunda ordem, pressupõe a consciência pré-reflexiva, isto é, a autoconsciência.

Assim, a autoconsciência é o elemento fundamental da consciência. Sem ela não há consciência, nem reflexão sobre a consciência. A consciência é a essência do ser humano e fonte de conhecimento e de verdade.

1.3 Novas Formas de Produção e de Relações de Produção

As leis e as formas de pensamento, a própria consciência, estão comprometidas com a ideia da produção no paradigma das fábricas. Na fábrica, as pessoas se conhecem, compartilham as mesmas regras de convivência e têm um sentido de pertencimento à fábrica, ao produto e aos valores estruturantes de uma hierarquia forte e única (Ritto, 2017).

Mas agora estamos numa sociedade de serviço e o modelo é o do shopping center. As pessoas trabalham nas diferentes lojas, no mesmo espaço físico, mas sem pertencimento, sem percepção da totalidade, uma sociedade sem laços (Ritto, 2017).

Vivemos uma mudança paradigmática; tem sido assim ao longo do tempo. A ciência é um modelo bem-sucedido de produção e disseminação de verdades universalmente aceitas, mas desde Tomas Kuhn tem consciência que trabalha sob paradigmas. Um paradigma é uma constelação de valores, um conjunto de princípios cognitivos, inconscientes e conscientes, pressupostos que permitem perceber e interpretar o mundo. A ciência tem lidado com mudanças profundas nas formas de ver, sentir e pensar a realidade.

As revoluções culturais do renascimento e no iluminismo, mudanças socioculturais e político-econômicas como a transição do século XIX ao XX, a Física de Aristóteles, a dinâmica Newtoniana, a teoria da relatividade de Einstein, a quântica de Bohr, a incerteza e indeterminação de Heisenberg, a incompletude de Gödel, neurociência, tecnologia da informação, redes etc. Uma mudança de paradigma, e inaugura novas formas de olhar o mundo, novas formas de pensar, sentir e agir.

1.4 A Escrita e a expansão da Consciência

A tecnologia da palavra escrita afetou nossos processos mentais e expandiu nossa consciência (Ong, 1982). Através do processo de escrita e gravação, as pessoas são transportadas para um ambiente da palavra escrita onde o eu, o ambiente e a sociedade são concebidos em diferentes espaços, diferentes abstrações e diferentes restrições. O eu (o leitor, em qualquer aspecto) pode operar em ambientes mais imaginativos.

A palavra escrita permite à pessoa mais caminhos para outros pensamentos; Isto tem implicações na nossa cognição e concepção de nós mesmos.

O que se sugere aqui é que a interiorização (internalização dos conjuntos de habilidades e desenvolvimento de artefatos cognitivos) da tecnologia da escrita permitiu à nossa consciência a capacidade de introspecção expansiva. Para nós, a escrita é natural, mas ela é artificial. Nós a interiorizamos, nossa cognição e concepção do eu é alterada. Escrever é aumentar a consciência (Ong, 1982).

Estas reflexões permitem continuar pensando sobre os efeitos e potenciais das comunicações mediadas pela rede. Os múltiplos fluxos de comunicação e combinações de sistemas simbólicos usados em produtos multimídia, como videogames e realidade virtual, criam novas formas de comunicação e, como resultado, produzem efeitos sobre seus usuários, sobretudo sobre suas consciências.

Há uma perceptível confusão em torno do que implica a consciência e que disciplinas e abordagens estão mais bem equipadas para estudá-la. A lista de disciplinas que tratam de consciência é grande e inclui psicologia, psiquiatria, neurologia, neurociência, inteligência artificial, matemática, teoria do caos, física, filosofia, dentre outras, cada uma com sua própria interpretação sobre a natureza da consciência.

À medida que as pesquisas sobre a consciência progridem, o estudo da cognição, da percepção, da memória e do sentido do eu fica cada vez mais essencial para a nossa compreensão da consciência.

Uma pesquisa sobre as relações das diversas culturas com as ferramentas tecnológicas como meio de buscar o conhecimento revela como vários artefatos tecnológicos podem ser usados para amplificar a cognição e nos levar a internalizar habilidades mentais, expandindo nossa consciência. Do tear à palavra escrita, vimos surgir uma relação entre a cognição humana e a auto-concepção e o desenvolvimento da tecnologia (Murphy, 2012).

É fundamental pensar o impacto da tecnologia sobre nossa mente, nosso cérebro e sobre a nossa percepção e compreensão do mundo, a maneira como pensamos e a maneira como aprendemos. Os novos produtos de mídia, como internet, videogames, realidade virtual, ambientes multimídia, mapas mentais e realidade aumentada, têm potencial muito mais intenso para proporcionar expansão da consciência.

Nosso mundo e nossas relações com o mundo são cada vez mais mediadas pelas tecnologias que nos cercam. Os artefatos tecnológicos amplificam as capacidades humanas, sejam de natureza motora, sensorial ou cognitiva. Ferramentas que envolvem e afetam nossos processos cognitivos empregam conjuntos de sistemas simbólicos para representar entidades, quantidades e relações.

O impacto da tecnologia na cognição humana pode ser visto através de vários objetos tecnológicos. Eles participam de processos, tais como: (Murphy, 2012).

- Percepção sensorial estendida
- Extensão motora e habilidades de manipulação
- Extensão da Memória e Extensão da Prospecção da Memória
- Comunicação
- Colaboração e tomada de decisões
- Pesquisa de informações: Agentes (Aplicativos) que funcionam como alter ego para os usuários.

O que está colocado aqui é que os artefatos tecnológicos estão funcionando como processadores de informação para seres humanos, onde até mesmo as ajudas tecnológicas básicas incluem um sistema simbólico que amplifica a cognição. Considerando que o nosso mundo está repleto de ferramentas tecnológicas e artefatos é óbvio que nossa compreensão cognitiva expande intensivamente.

1.5 Desenvolvimento Cognitivo e Estágios da Consciência

O desenvolvimento cognitivo é uma teoria que mapeia as potencialidades cognitivas humanas e os estágios de seu desenvolvimento. A psicologia cognitiva se apoia no método científico e reconhece a existência de estados mentais internos como desejo, motivação e crenças. Tentar entender os processos do nosso desenvolvimento cognitivo é essencial para determinar, não apenas como aprendemos, mas como nos adaptamos ao nosso ambiente.

A organização de estruturas cognitivas é vista como um processo de assimilação de características do mundo externo em estruturas existentes pelas quais as estruturas cognitivas se ajustam buscando um equilíbrio estável.

Uma teoria do desenvolvimento da consciência incorpora uma compreensão do processo de conhecimento (raciocínio cognitivo), objetos conhecidos (mundo físico e relações sociais) e o conhecedor (self). Também cogita o conhecedor como um "raciocínio" e processador de informação (eu epistêmico), bem como conhecedor do locus da consciência humana e identidade (eu ontológico). Um estudo mais profundo inclui também não só os domínios de desenvolvimento cognitivo e afetivo (emocional), mas abordariam o domínio de desenvolvimento moral (Murphy, 2012).

O crescente poder das tecnologias, mormente redes, e mais intensas e plurais formas de comunicação, permitem que mais pessoas se envolvam com novos aplicativos e novos produtos de mídia.

Nossas crescentes habilidades na criação de aplicativos permitem a criação de ferramentas complexas para manipulação e geração de mídia. A capacidade de criar representações e ambientes mais envolventes com novas mídias expande ainda mais os tipos de experiências mediadas com as quais uma pessoa pode se envolver. A internet, os videogames, a realidade virtual e os ambientes multimídia empregam várias estratégias de representações e sistemas simbólicos para criar um conjunto único de personagens, criaturas, ações, informações, eventos e lugares. A popularidade desses produtos determina a importância de examinar o ambiente mediado e explorar suas potencialidades.

Novas estruturas de produção e novos modelos de negócios se utilizam mais intensamente de inteligência cognitiva. Na medida em que as novas tecnologias se envolvem com inteligência cognitiva as pessoas experimentam saltos de qualidade nas suas percepções e expandem suas consciências.

1.6 A Internet é o conteúdo na noosfera?

Hagerty cogita ser a Internet o conteúdo na noosfera. A Noosfera é o lugar dos pensamentos e comunicações humanas nas cogitações de Teilhard de Chardin (1964). Esta definição deriva da palavra grega nous, mente, em um sentido semelhante à atmosfera e à biosfera (Hagerty, 2000).

Para Chardin a história da evolução é uma história da luta entre o múltiplo unificado e a multidão desordenada. Assim, a evolução enfraquece a organização em relação à individualização, os sistemas celulares em relação ao grande número de células isoladas, as organizações humanas em relação à grande massa de seres humanos individuais.

A consciência autoconsciente evolui da inteligência animal somente depois que alguma massa crítica de complexidade é alcançada no organismo que precisa já estar preparado para suportar essa inteligência. De certa forma, este conceito traz à mente uma explosão nuclear, que ocorre quando uma massa crítica de material cindível é reunida. No caso da autoconsciência, porém, a energia liberada por uma massa crítica de complexidade resulta em consciência e não em explosão (Hagerty, 2000).

Como Chardin percebeu, quando uma quantidade essencial de complexidade é restrita a um espaço suficientemente pequeno, a densidade da informação subjacente a essa massa de complexidade é o que cria autoconsciência por parte da estrutura na qual a complexidade está contida. O único caso em que sabemos que isso provavelmente ocorreu é na espécie humana (Hagerty, 2000).

Para a maioria das pessoas, a palavra "caos" traz consigo a conotação negativa de desordem. Quando se leva em conta o significado original da palavra, no entanto, o aspecto aparentemente negativo do caos começa a se fundir em um espaço de possibilidades criativas. As pessoas que experimentam a Internet pela primeira vez têm a impressão de que suas mentes foram imersas em um vasto e caótico universo de informações. No entanto, à medida que se tornam mais experientes no uso da Internet, um senso de forma começa a emergir.

É neste contexto que podemos pensar a Internet como um espaço de atração (atrator), um conteúdo desorganizado de mentes criativas.

Este embate, as buscas, as descobertas, as novas formulações e as novas sínteses tornadas possíveis pelo conteúdo "caótico" da rede, expandem o conhecimento, a percepção, a consciência.

Hoje, muitas pessoas estão procurando uma maneira melhor de viver e uma melhor maneira de participar dos acontecimentos, da evolução deste planeta. Estamos procurando por um sentido de propósito - um senso de significado e pertencimento em um mundo que muitas vezes parece fora de controle.

O despertar da noosfera cria a possibilidade para que a pessoa alcance um estado constante da consciência expandida e em expansão integrada; um estado natural de ser. Um profundo amor pela Terra e a preocupação com a sua biosfera são na verdade o resultado de entrar no estado de plena consciência com tudo e com todos.

1.7 A dimensão Tecnológica e o Aprendizado do Usuário

Em um enfoque tradicional, ainda que dependente de variáveis diversas, a tecnologia é algo ofertado pela tecnociência, estando à disposição do gestor que dela quiser dispor. É, portanto, algo exógeno à organização.

Outra dimensão deste mesmo enfoque pressupõe que o conhecimento necessário ao uso dos instrumentos, ou deve estar quase embutido no próprio instrumento, ou deve ser de fácil e rápido aprendizado pelos trabalhadores – visão de Ford e operacionalizada na linha de produção. No enfoque novo, tecnologia não é somente algo dado, é também desenvolvida, variável, e sua utilização estabelece diferenciação e depende de características internas a cada organização, ou conjunto de organizações em evolução sistêmica, prosperando, portanto, endogenamente.

Pré-Ford	Ford	Pós-Ford
Artesão	Trabalhador da indústria	Trabalhador do conhecimento
Instrumento de propósito geral	Instrumento de propósito específico	Instrumento de propósito geral
Torno [illegible] de mesa	Prensa x CAE/CAD/CAM	Supply Chain Management Aplicativos
Os instrumentos tecnológicos não veem mais acompanhados das técnicas necessárias às suas utilizações		

Figura 1 – Tecnologia e Aprendizado (Adaptado de Ritto, 2004

Na era contemporânea, pós Ford, era da informação, ver figura 1, há um passo e uma alteração nesta relação que recoloca o trabalhador em uma posição de importância cognitiva. No setor de serviços, mormente naqueles onde é preponderante como fator de diferenciação o uso de instrumentos tecnológicos, o que se cogita é tratar o trabalhador do conhecimento, consciente dos objetivos e das possibilidades de alcançá-los. Neste ambiente, o instrumento, o computador, a estação de trabalho, o hardware e muitos softwares, são de uso geral.

Com o aumento da complexidade desses instrumentos de uso geral, fica, por vezes, a ilusão de que a máquina é capaz de fazer sozinha as coisas.

O campo dos sistemas de controle de processos é um exemplo dessa distorção de percepção: aqui, uma fábrica que "faz tudo sozinha" dá a impressão ao observador menos avisado que o ser humano é prescindível.

Muda, então, o perfil do trabalhador útil que volta a ser, não mais o do operário desqualificado, mas sim o do trabalhador super qualificado, o trabalhador do conhecimento. O tratamento dessa mudança de forma integrada, no entanto, não é tarefa simples, principalmente quando se cogitam aspectos vinculados à cognição, inerentes a cada pessoa, a cada ator da rede de agregação – do insumo ao consumo (Ritto, 2004).

1.8 Catedral e o Bazar

Na Catedral tudo está pronto e organizado; ainda que não sejam entendidos os significados na sua integridade, tudo está no seu lugar, tem significado e está completamente integrado. Uma Catedral é construída a partir de especificações formais com desenvolvimento controlado hierarquicamente e por processo também formal.

No Bazar não há uma integração definitiva. As várias manifestações dentro do Bazar obedecem às suas próprias normas e tentam um acordo comum, permanentemente ameaçado. Bazar é não hierárquico, não controlado, pouca coordenação – é emergência numa rede colaborativa de contribuições intensas.

Na Catedral pode haver alienação; o Bazar é não hierárquico, um lugar de desalienação, de protagonismo.

1.9 Fontes de Ordem – Hierarquia e Ordem Espontânea

A criação de regras de comportamento é característica mais da cultura que da natureza. A ordem é frequentemente resultado de processo horizontal de negociação, argumentação e diálogo entre indivíduos. Mas nem a ordem natural, nem a ordem cultural, nem a espontânea são suficientes para produzir a totalidade de normas que constituem a ordem social conforme esquematizado na Figura 2.

Tradicionalmente elas precisam ser suplementadas pela autoridade hierárquica. O capital social torna-se mais importante à medida que a tecnologia avança, as organizações achatam suas estruturas de comando e controle e redes substituem hierarquias como instrumentos de estruturação de relações.

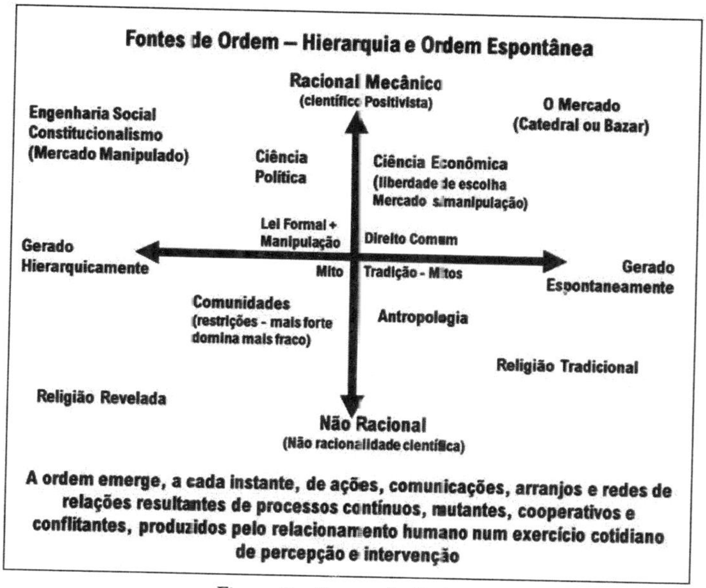

Figura 2 – Fontes de Ordem

Uma ordem ampliada de cooperação humana se constitui na soma de todas as regras, normas, valores e comportamentos comuns que permitem aos indivíduos trabalhar em conjunto numa sociedade. As doses de espontaneidade, auto-organização e de hierarquia variam dependendo da natureza das relações.

Na dimensão da auto-organização desenvolvem-se as forças naturais no livre mercado, pretensamente de ordem espontânea, as negociações estruturadas. Um enxame de abelhas apresenta um comportamento complexo, mas ele não é comandado pela abelha rainha. É gerado por abelhas seguindo individualmente regras de comportamento relativamente simples – voar na direção do néctar, evitar obstáculos, ficar perto das outras abelhas etc. Está também nesta dimensão da auto-organização a Religião Tradicional, a Mitologia.

Na dimensão da hierarquia observam-se tanto manifestações do tipo não racional, transcendental, como no caso de Moisés e os Dez Mandamentos, como do tipo racional, caso do diretor de uma organização anunciando uma nova filosofia para tratamento de clientes ou a Constituição de um País. Assim, as normas que estabelecem a ordem são geradas tanto hierarquicamente, como espontaneamente.

Exemplos de normas socialmente construídas são fornecidos pelos economistas, que entendem que nos mercados as normas decorrem de negociação racional entre indivíduos e também pelos sociólogos que, ao contrário, entendem que as normas decorrem de ação dos mais fortes.

Empresas e governos precisam delegar poder a peritos e agentes de decisão que estão mais próximos das fontes locais de informação. Mas como coordenar as atividades de todos os participantes numa organização descentralizada?

É extremamente complexo o entendimento da consciência, da pessoa, da participação da pessoa no mundo, sua superação no enfrentamento de problemas, na solução de dilemas éticos, que se apresentam de formas desafiadoras nestes momentos de pós-modernidade. A busca humana por evolução em condições emergentes em ambientes com forte presença de tecnologia, cada vez mais invasiva, sustentada por redes de toda ordem, com destaque para as redes sociais carregadas de formas inéditas de comunicação interpessoal, requer aprofundamentos em visões, questionamentos em premissas, construção de hipóteses inovadoras, que promovam uma evolução na forma de ver, de tratar as pessoas e as relações entre as pessoas nos seus ambientes diversos (Ritto, 2017).

Há esperança de que as tecnologias da informação e da comunicação, de baixo custo e ubíquas, possam reduzir os custos de transação nas relações de mercado e, assim, reduzir o incentivo às hierarquias gerenciais; mas nem sempre isto acontece. A negociação sobre regras para a divisão de recursos comuns e decisão compartilhada requer, no mínimo, que os participantes falem a mesma língua.

A organização permanece hierárquica e burocrática, mas com menos quantidade de níveis entre topo e base e com maiores amplitudes de controle; as redes diminuem a carga nas hierarquias mais altas empurrando autoridade para baixo. Quando os grupos espontâneos são grandes, regras básicas, monitoramentos de desvios, utilização de linguagem comum, cumprimento de direções estratégicas, processos educativos e projetos estruturantes precisam ser coordenados centralizadamente.

De alguma maneira, ordem espontânea e formas hierárquicas de autoridade precisam se complementar e as redes como instrumento de coordenação necessitam de algum grau de hierarquia.

1.10 Os quatro cenários para as dinâmicas de produção

Não é mais apropriado pensar o futuro como uma projeção, uma continuidade do passado. Esta forma de pensar e de planejar funcionou, e funciona em ambientes estáveis, simples, de estrutura fordista. Em ambientes complexos, mutantes com os agentes relacionados em inéditas inserções nos ambientes econômicos e sociais esta prática de projeção habitualmente falha. Certamente o futuro estará impregnado da história, das características culturais das regiões e decorrerá de endogenias. Mas a cogitação de futuros com vistas à antecipação de tomada de decisão precisa considerar, doravante, novidades, tendências plurais e conviver com vários futuros possíveis que, sendo diferentes, não são excludentes e, muito provavelmente, serão concomitantes como nas duas dimensões ilustradas na Figura 3.

Cenários não são previsões do que o futuro vai ser, mas descrições do que o futuro pode vir a ser.

A Global Business Network – GBN – em conjunto com o Massachusetts Institute of Technology – MIT -, desenvolveram um estudo (KLEINER, 1995, in RITTO, 2004) para elaboração de cenários para organizações do Século XXI elencando como focos para análise: estrutura, desenvolvimento e propósito organizacional; coprodução e integração entre os agentes; criação de conhecimento; enredamento (networking); criatividade e empreendedorismo; tecnologia, organização e produtividade; cultura, valores e diversidade; liderança e força dos relacionamentos. Os estudos levados a efeito construíram dois grandes eixos na prospecção da modelagem organizacional.

- Um eixo considera os *valores humanos*, onde contrapõe *individualismo e egoísmo à solidariedade e coletivismo*. Na <u>extremidade individualista</u> o trabalho da GBN percebe prevalecer uma visão pessoal estreita, ênfase no dinheiro, no lucro, na eficiência, no crescimento material e econômico questionando se estas características funcionam e produzem em uma sociedade. Na <u>extremidade coletivista</u> e da solidariedade, o estudo constata uma ampliação do Eu, ênfase na visão pessoal com missão social cooperativa, igualdade, valores morais, vida simples questionando se estas características são possíveis e se representam virtudes da vida em sociedade.

- O outro eixo considera o modelo organizacional e contrapõe *mais permanência* à *mais descontinuidade* da atuação da organização. Na extremidade de mais permanência o trabalho da GBN percebe grandes corporações, verdadeiras nações virtuais. Na extremidade de mais descontinuidade identifica pequenas empresas e muitas redes envolvendo iniciativas pessoais e pequenos grupos, muitas delas em acoplamento com grandes organizações.

Destes dois eixos resultam quatro cenários, conforme esquematizados na Figura 3.

1. **Corporações como nações virtuais** - Corporações amplas, nações virtuais, nas quais organizações assumem a forma e a responsabilidade de um governo nacional – incluindo a eleição de gerentes e de colaboradores. Empregador provê orientação de carreira, seguro social e senso de comunidade. São conglomerados globais que emergem como uma forma das organizações dominarem e desenvolverem os mercados. Possuem mínima submissão a governos nacionais e proveem seguros, previdência, planos de saúde, educação, redes sociais, com sentido de identidade e pertinência. Funcionam como uma nação, influenciam os governos nacionais, podendo submetê-los e ignoram restrições geográficas. O sucesso das organizações nesta dimensão decorre de sua capacidade em operar globalmente. Cresce o valor das informações já que passam a representar novas oportunidades mais abrangentes. Como decorrência está em curso uma transformação na estrutura e gerenciamento. Tradicionalmente as organizações se estruturavam hierarquicamente, centralizada, constituída por grupos de especialistas funcionais. Um novo formato adota estrutura horizontal, descentralizada, constituída por grupos de projeto em conexões flexíveis. Estes grupos dependem, se apoiam em informações atualizadas para produzirem produtos e serviços mais adequados. Busca na rede agregação de valor a viabilidade dos seus processos de produção, tanto para aumentar eficiência, como para encontrar parceiros e fornecedores, como para colocar seus produtos e serviços.

2. **Tribos** - Tribos duráveis, corporações de caráter solidário e de ação alargada, organizações não governamentais, que lidam com ideologias e atitudes. São organizações, que podem ou não ser globais, mas centradas em princípios humanitários ou neles apoiadas nas suas inserções políticas, econômicas e sociais. Igrejas, ONGs de vários matizes são exemplos desta estruturação. Não

raro se sustentam em dogmas que representam o elemento catalisador de suas existências e permanências.

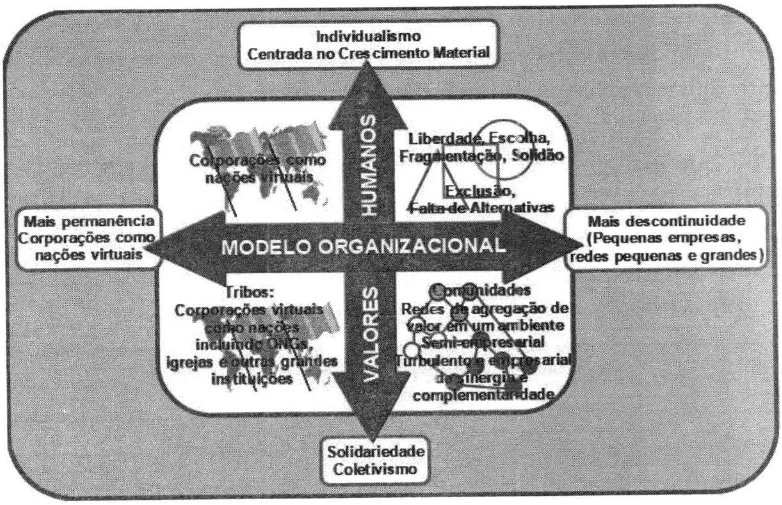

Figura 3: Os cenários da Global Business Network para as relações de Produção (Adaptada de Ritto 2004a)

3. **Fragmentação** - Iniciativas isoladas a partir das quais uma profusão de formas organizacionais coexistirão em turbulência, em ambiente fragmentado, caótico, com os agentes em iniciativas autônomas, muitas vezes informais, oportunistas e imediatistas, ligadas à sobrevivência e sem continuidade temporal. Frequentemente as iniciativas duram o tempo de um projeto específico, podendo entrar em acoplamento estrutural com uma ação global a partir da rede.

4. **Comunidades - Redes** – São grupos autônomos que se relacionam sob regras e sob contratos independentes ou pequenas organizações, ligadas por rede, trabalhando juntas em combinações temporárias de vários projetos, e dissolvidas quando os projetos terminam. A autoridade está presente, mas não através de comando. Os grupos são livres para tentar ideias e muitas vezes se apoiam em agentes estruturantes que tomam ou compartilham a decisão de onde investir. A estabilidade provém da ubiquidade, fortes conexões e redes

eletrônicas que ligam umas com as outras. A sobrevivência depende essencialmente de relacionamentos.

A divisão dos modelos é didática e extrema já que no ambiente tudo é autorreferente; os Agentes plurais estão em coevolução. Os sistemas são fortemente recursivos e autônomos, tudo e todos em coevolução. Não há um ponto de evolução, um ponto solitário de evolução; tudo está coenvoluindo.

Vale notar que organizações no extremo corporativo global estão ligadas e dependem de iniciativas fragmentadas que estão em sua diagonal. Tudo depende de tudo e influencia tudo também. Em todas as dimensões percebe-se um descompasso entre a rapidez da evolução das técnicas e a relativa lentidão das transformações institucionais.

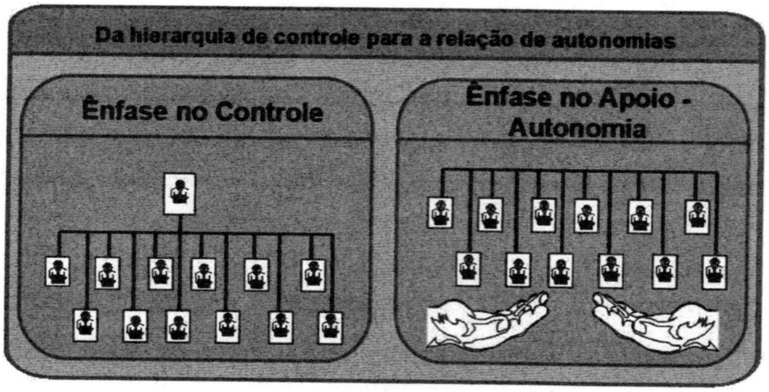

Figura 4 – das hierarquias de controle para a relação de autonomias
(Adaptada de Ritto 2004a)

O centro só existe se tiver papel integrador, se agregar valor na integração sem desrespeitar ou inibir as particularidades locais. Não é hierárquico, é perspectivo, não é simples (binário ou mesmo discreto), é complexo (fuzzy). Os mecanismos hierárquicos de controle cedem a mecanismos mais voltados para resultado – contratos de gestão, acordos de níveis de serviço, indicadores de performance - e gerências, doravante não se resumem a dar ordens, mas, sobretudo, em prover as condições – infraestrutura - para que os atores desempenhem seu papel da melhor forma possível, Figura 4.

Todas as partes e agentes no ambiente estão em evolução permanente e, embora um sistema dinâmico possa parecer ser caótico, sua identidade, história e senso de propósito funcionam como atratores (atrator estranho) definindo seus limites e guiando sua evolução e crescimento. Em todas as dimensões os atores precisam ter desenvolvido senso de autonomia e de empreendimento no conceito de *bootstrapping:*

- *Evolução e desenvolvimento a partir de iniciativas e esforços próprios*
- *Empreender e realizar com um mínimo de ajuda*
- *Apoiar-se em processos autossustentados*
- *Contar com* seus próprios recursos

1.11 Sistemas Auto-organizados – O Processamento das Perturbações

Figura 7 – Ordem, Desordem (Adaptada de Ritto 2004)

Se considerarmos a organização como um processo ininterrupto de desorganização-reorganização, e não como um estado, a ordem e a desordem, o organizado e o contingente, a construção e a destruição já não serão tão distintas. Morin (Pessis-Pastenak, 1992) resume esta perspectiva no tetragrama – desordem, interações, organização, ordem, Figura 7. Nele verificam-se os aspectos da cibernética, da teoria de sistemas e da teoria da informação, seja nos fundamentos da retroação, seja na permanente busca de integração, seja nos fluxos de informação portadores dos ruídos desestruturantes, mas também das redundâncias que, ao reforçarem caminhos, dirigem escolhas e novas reorganizações; são portadoras de ordens, de inéditas ordens.

Na abordagem racional da realidade o acaso e o aleatório são sempre considerados antinômicos[2] à ordem e ao organizado.

Na análise dos significados é impossível isolar o ser vivo de seu ecossistema, o indivíduo de sua sociedade, o sujeito do objeto. Na busca da melhor percepção é

[2] *Antinômicos = Que encerra antinomia; contraditório, oposto. Antinomia = Contradição entre duas leis ou princípios. (Buarque de Holanda).*

necessário trabalhar e pensar não apenas com o claro e distinto, mas também com o "vago e obscuro". Assim, a ideia sistêmica de "emergência" e a ideia cibernética de "retroação" são instrumentos conceituais para conceber a autonomia dos "seres máquinas".

"O detalhe das condições de emergência de novas regras nos escapa permanentemente: um acontecimento singular vem perturbar a comunicação em uma via do sistema e nasce um sentido; esse novo sentido, mesclado a inúmeros outros nas demais vias é comunicado ao nível englobante; as regras de ordenação dos elementos do nível inferior que definem este nível englobante são modificadas, fazendo surgir um novo sentido a este nível, o qual repercute, em seguida, no nível inferior. Todos estes sentidos constituem significações para o sistema, e não para nós, se não os conhecemos. Quanto mais o nível elementar transmite informação, o nível geral percebe ruído, e vice-versa. O estado de crise paroxístico[3] ou prolongado – é caracterizado por um distanciamento semântico entre os diferentes níveis da organização" (Atlan, 1992).

Crise, portanto, situa-se no nível de transmissão do sentido da informação de um nível organizacional para outro. Num sistema social, crise representa que o código individual já não pode ser decodificado no nível da coletividade e vice-versa. Duas possibilidades concorrerão na direção do equilíbrio num sistema social: ou prevalece o individual, o prazer, o consumo, ou prevalece uma centralidade, seja através de um sistema totalitário que impede a manifestação individual, seja numa cultura de visão pouco diversificada, que não saiba tratar diferenças.

1.12 UMWELT – Interação da Pessoa com o Ambiente

O incessante surgimento de novas linguagens computacionais fundamenta a elaboração de uma miríade de softwares / aplicativos com os quais convivemos nos mais diversos contextos de nossas relações culturais e intersubjetivas. Essas linguagens computacionais são aqui consideradas um aspecto relevante no processo da aceleração da cultura e da <u>expansão da consciência</u>.

[3] Paroxístico = Do gr. paroxysmós, estimulação, excitação. Em medicina é o estágio duma doença, ou dum estado mórbido, em que os sintomas se manifestam com maior intensidade. Figurado, é a exaltação máxima de uma sensação ou de um sentimento; auge, apogeu. (Buarque de Holanda).

UMWELT - Um conceito relevante é o de Umwelt proposto por Jakob Von Uexkull para designar a forma como uma determinada espécie interage com o ambiente. O conceito de Umwelt pode ser entendido através da metáfora que descreve a interface entre o sistema vivo e a realidade como uma espécie de "bolha" que o envolve e que filtra seu acesso ao real através de canais perceptivos. Essa "bolha" além de filtro sensorial envolve processos de elaboração interna de informação na construção de esquemas do ambiente circundante. Essa elaboração apoia-se na utilização de linguagens e do uso de metáforas como processo de interconexão de conceitos para o engendramento de novos conceitos. Além dos sistemas perceptivos, essa "bolha" envolve processos de elaboração interna de informação nos sistemas nervosos envolvidos. Tendo-se em conta a hipótese ontológica de que a realidade é complexa, cada "bolha" ou sistema de filtros seleciona características, representações, perspectivas da mesma, de forma particular para cada sistema cognitivo, de modo que há a possibilidade de espécies diferentes ocuparem o mesmo ambiente e, muitas vezes, nem tomarem conhecimento umas das outras, vivendo como que isoladas (VIEIRA, 2006).

Informação é um elemento chave para que se estabeleça o conceito de interatividade. Ampliação da Consciência é fundamental para acompanhamento dos novos paradigmas que se estabelecem e em permanente evolução entre os agentes em coevolução.

Trata-se de um elemento importante em muitas áreas do conhecimento que incluem os campos da ciência cognitiva, teoria da informação, cibernética, ciência da computação, etc. Uma maneira de definir-se afirmativamente informação é considerá-la como uma entidade capaz de reduzir a incerteza.

Mas, informação nova só tem sentido para quem tem conhecimento.

1.13 O Modelo da Criação do Conhecimento

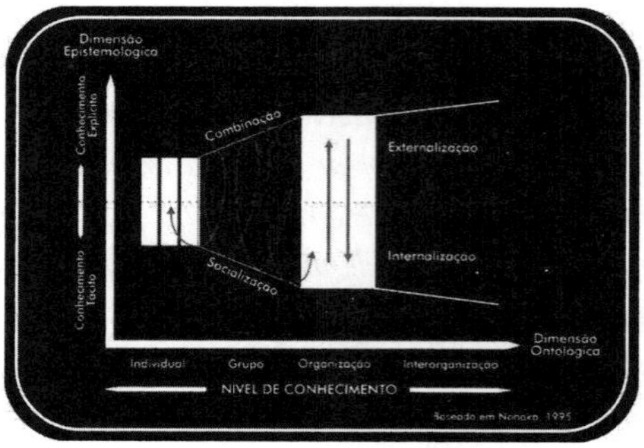

Figura 8 – As Dimensões do Conhecimento (Adaptada de Ritto 2004)

Para Ikujiro Nonaka e Hirotaka Takeuchi (Nonaka, 1995), o maior segredo dos Grupos japoneses bem-sucedidos é a sua abordagem única para gerenciar o conhecimento: criar novo conhecimento de maneira consistente, disseminá-lo através da estrutura e rapidamente incorporá-lo em novas tecnologias e produtos.

Os principais elementos da abordagem dos Grupos criadores do conhecimento são a importância do conhecimento tácito e a visão da organização como um organismo vivo. O conhecimento tácito é o ponto de partida do processo de inovação, por isso os Grupos devem estar preparados para aproveitá-lo e disseminá-lo. Quando encaramos a organização como um sistema vivo, ela deixa de ser vista como uma máquina e torna-se "capaz" de desenvolver um senso de identidade e um propósito fundamental coletivos, que a direcionam.

1.14 A Espiral de Conhecimentos

Na teoria da criação do conhecimento, duas dimensões distintas são consideradas, Figura 8. A **dimensão epistemológica** baseia-se na distinção entre conhecimento explícito e conhecimento tácito desenvolvido por Polanyi e a **dimensão ontológica** refere-se ao nível organizacional (nível individual, de equipe, do grupo e intergrupos).

A princípio, o conhecimento só pode ser criado pelos indivíduos. Os grupos não podem criar conhecimento *per se*, mas apenas fornecer suporte para a criatividade individual e prover um ambiente no qual os indivíduos possam criar esse conhecimento. Desse modo, a criação do conhecimento deve ser entendida como um processo que ocorre em um ciclo ascendente de comunidades de interação, passando do indivíduo até os pontos de contato do grupo com o ambiente. Nesse processo os indivíduos são responsáveis pela criação efetiva do conhecimento e dos grupos, pela síntese, enquanto a organização assume o papel de amplificadora do conhecimento, cristalizando-o como parte da sua rede de conhecimento (Nonaka, 1995).

Nos grupos criadores de conhecimento há uma relação mútua entre conhecimento explícito e conhecimento tácito. Esses conhecimentos interagem entre si e alternam-se nas atividades criativas dos indivíduos. O modelo dinâmico de criação do conhecimento desenvolvido por Nonaka e Takeuchi está ancorado no pressuposto crítico de que o conhecimento humano é criado e expandido através da interação social entre o conhecimento tácito e o conhecimento explícito, chamada **conversão do conhecimento**. No modelo, essa conversão pode manifestar-se de quatro maneiras distintas: socialização, externalização, combinação e internalização.

A **socialização** consiste na conversão do conhecimento tácito em conhecimento tácito. É um processo através do qual experiências são compartilhadas e, a partir daí, o conhecimento tácito é multiplicado, na forma de modelos mentais e habilidades técnicas. Esse processo não depende da linguagem, uma vez que podemos adquirir conhecimento tácito diretamente, através, por exemplo, da observação, imitação e prática.

A **externalização** é o processo de articular conhecimento tácito em conceitos explícitos. É o principal processo de criação do conhecimento, na medida em que permite que os conhecimentos tácitos tornem-se explícitos e compartilháveis, expressos na forma de metáforas, analogias, conceitos, hipóteses ou modelos. Esse processo é disparado através do diálogo e da reflexão coletiva.

O processo de **combinação** é a conversão do conhecimento explícito em conhecimento explícito. Envolve a junção de diferentes componentes isolados do conhecimento explícito, formando um todo novo. Baseia-se na troca de informações explícitas e relaciona-se com mídias como documentos, reuniões formais, telefonemas ou redes de comunicação computadorizadas e com a educação formal. A utilização efetiva de redes de comunicação computadorizadas e de grandes bancos de dados facilita bastante o processo de combinação. Por exemplo, um sistema capaz de consolidar dados na forma de relatórios, está combinando conhecimentos explícitos e gerando novo conhecimento, ao sintetizar informações de fontes diversas.

Já a **internalização** consiste no processo de incorporação do conhecimento explícito no conhecimento tácito. Quando o conhecimento explícito começa a ser compartilhado na organização, os indivíduos começam a internalizá-lo, utilizando-o para ampliar, estender e reformular suas bases de conhecimentos tácitos através do desenvolvimento de modelos mentais ou *know-how* técnico compartilhados. A internalização relaciona-se com o que se convencionou chamar "aprender fazendo" (*learning by doing*). Além disso, esse processo é responsável por reiniciar todo o ciclo de criação do conhecimento, uma vez que o conhecimento tácito precisa ser socializado entre os membros da organização. Para que a internalização ocorra, são necessárias a verbalização e a diagramação do conhecimento explícito na forma de documentos, manuais ou histórias orais. A documentação ajuda os indivíduos a internalizar suas experiências, enriquecendo assim o seu conhecimento tácito. Os documentos e manuais, além disso, auxiliam na transferência do conhecimento explícito para outros indivíduos.

As fases críticas da espiral do conhecimento são os processos de externalização (tácito em explícito) e internalização (explícito em tácito), pois ambos envolvem o comprometimento pessoal. Caso ele não exista, não há meios do conhecimento desenvolver-se na organização. Através do comprometimento pessoal, os indivíduos se dispõem a compartilhar aquilo que possuem de mais valioso: o seu conhecimento. Para que a espiral do conhecimento possa emergir plenamente, algumas condições habilitadoras devem existir na organização.

Ao longo dos ciclos de criação efetiva de conhecimento, a percepção e a consciência se ampliam.

1.15 Software e Inteligência

O *software* está por trás da inteligência dos sistemas de busca, mensagens instantâneas, sistemas operacionais, sites que organizam redes sociais, a vida social e a política inclusive. É interessante notar como o alcance da aplicabilidade do *software* cresceu em anos recentes. Um campo importante que surge nesse contexto é o da realidade aumentada, onde se integram os conceitos de realidade virtual e do mundo real, em tempo real, ampliando significativamente nossas possibilidades de interação com o universo da cultura e a natureza.

Nossos sistemas de pensamento e linguagem abstratos e metafóricos emergem dos processos interativos realizados no cotidiano e constituem a base para a produção do conhecimento. As metáforas artísticas e científicas, que os estudiosos definem como inovadoras, estabelecem mapeamentos conceituais novos, ampliam padrões de inferência em mapeamentos metafóricos existentes expandindo seus significados. Essa expansão é a mola propulsora para a evolução da cultura e implica no aumento da sensibilidade do olhar, de perceber antes imperceptíveis sutilezas da realidade. Vieira (2006) vai referir-se a essa expansão como o processo de "dilatação do *Umwelt*" da espécie humana.

Essa descrição permite-nos conceber o *Umwelt* como possuindo áreas de transparência variável. A depender da história evolutiva da espécie, haverá áreas translúcidas e opacas no que concerne a sensibilidade sensorial desenvolvida. Evidentemente a elaboração do real será decisivamente afetada pelo *Umwelt* da espécie, visto que para sobreviver, o sistema vivo necessita lidar eficientemente com a realidade. Há consenso entre os estudiosos que o conceito de *Umwelt* pode ser expandido para além do domínio biológico podendo ser considerado no âmbito cultural que inclui o tecnológico também. As metáforas como mecanismos inerentes à linguagem e ao próprio pensamento podem ser consideradas como uma espécie de ponte semiótica entre o cérebro e o ambiente.

Segundo Aleksander (2005), podemos nos endereçar ao estudo da consciência considerando cinco axiomas básicos que envolvem percepção, memória, sensibilidade e intencionalidade de nossas experiências no mundo, antecipação e emoção.

A expansão do *Umwelt* aponta para a expansão da percepção, um aspecto de nossa consciência que nos permite estar no mundo e sermos capazes de distinguir entre nossa interioridade e a rica diversidade que podemos perceber no mundo ao nosso redor. Arte, Ciência e suas linguagens, que crescem em número e expandem-se em sua complexidade estão relacionadas à expansão da consciência. Estão no cerne da expansão de nossa sensibilidade, nossa capacidade para antecipar eventos ou para nos lembrarmos deles, nossa percepção para saber que somos nós que experienciamos o mundo e nossas narrativas sobre nós e nosso lugar e que isso nos emociona de novas maneiras.

A apropriação das linguagens computacionais inspira as inovadoras experiências, desde às matemáticas até às artes. Instalações contemporâneas produzidas sob a rubrica da Arte e Tecnologia, a Internet, as redes de relacionamentos sociais, a simulação computacional, os sistemas interativos etc. apontam para a expansão das linguagens e da consciência humana.

1.16 Á guisa de Conclusão – (Realidade Aumentada como Metáfora)

Em tempo de conclusão entendemos ser relevante destacar a emergência do conceito de **Exteligência**.

O mundo digital proporciona mudanças no comportamento das pessoas - novas formas de sentir, de ver e de se relacionar – e cria um conjunto de conceitos que, em alguns casos, demandam novas definições e ensejam neologismos: é o caso da exteligência. A palavra Exteligência foi apresentada pelo matemático Ian Stewart e pelo biólogo Jack Cohen, no ano de 1997 em seu livro Figments of reality: the evolution of the curious mind (Stewart, 1997). Para eles, exteligência é definida como todo o conteúdo cultural que está ao nosso dispor. Eles contrastam a exteligência com a inteligência visto que o conhecimento e os processos cognitivos estão dentro do cérebro (individual) enquanto a exteligência está fora de nós, acessível e disponível para qualquer um, nos livros, no ambiente, nas pessoas, nas redes, na internet.

A exteligência é um conjunto de ações e conceitos decorrentes da interação com pessoas, mas, sobretudo, com as redes e todas as oportunidades por elas criadas. Exteligência é um conceito cultural e próspera em ambientes colaborativos. Esta extração de conhecimento do ambiente cultural já existia, mas não era acessado com a facilidade e intensidade proporcionadas pelo mundo das redes, pelo mundo digital. Ian Stewart e Jack Cohen destacam ser a exteligência fundamental para o desenvolvimento da consciência. O objetivo da exteligência é extrair dos grupos ou da cultura de um determinado grupo de pessoas, soluções para problemas reais. É o permanente desenvolvimento de conhecimento tácito e o esforço no sentido da criação de conhecimento explícito para alargamento da percepção e da consciência e para melhorar a tomada de decisão e o desenvolvimento de soluções.

É oportuno destacar a Realidade Aumentada como a tecnologia que sugere a metáfora da expansão da percepção.

Realidade Aumentada é a integração de informações virtuais com as visualizações do mundo real. É um ambiente que pode envolver tanto realidade virtual como elementos do mundo real, criando um ambiente misto em tempo real. Por exemplo, um usuário da Realidade Aumentada pode utilizar óculos translúcidos para ver o mundo real, bem como imagens geradas por computador. GPS e sensores de orientação permitem que sistemas de computação levem a Realidade Aumentada para ambientes mais amplos e abertos.

A Realidade Virtual é uma tecnologia criada para simular ambientes, reais ou imaginários, que permitem ao usuário sentir-se fisicamente presente e interagir com esse ambiente.

Enquanto a Realidade Virtual possibilita ao ser humano vivenciar um mundo não existente fisicamente, a Realidade Aumentada aumenta a percepção sobre o mundo real sobrepondo elementos não existentes a imagens reais.

Alguns exemplos ampliam a percepção e a consciência intensamente: visitação aprimorada, legendas ou textos históricos referentes a objetos ou locais vistos, ruínas ou paisagens reconstruídas (dados que, se combinados a uma conexão à Internet sem fio, proporcionam uma vasta quantidade de informações); mapeamento superficial de veias subcutâneas - a imagem de veias que geralmente são invisíveis à olho nu é capturada por câmera infravermelha, processada por um computador e projetada sobre a pele em luz verde -; apoio a tarefas complexas em cirurgias, montagem e manutenção: inserindo informações adicionais no campo de visão, como tabelas, legendas informativas ou instruções durante um procedimento; visualizando objetos "escondidos", como um Raio-X virtual, baseado em tomografia ou imagens oriundas de ultrassom em tempo real; simulação de voo e de mergulho.

Estes exemplos nos revelam o conjunto de possibilidades à disposição da análise e da percepção das pessoas. Mas novas visões de mundo, novos paradigmas precisarão emergir junto com novos níveis de consciência para que seja efetivamente possível "viver" nestas "novas possibilidades da realidade".

Vale destacar do que foi dito que os novos instrumentos tecnológicos não vêm acompanhados das técnicas necessárias às suas utilizações e que os novos e necessários conhecimentos surgirão, de forma tácita, em consciências que tenham se expandido para alcançá-los, efetivamente utilizá-los e torná-los explícitos.

Convivemos com uma Explosão de Heterogeneidades Semânticas. Percebemos o desaparecimento de um número significativo de normas e marcos sociais, em um contexto de incerteza e de mudanças rápidas e significativas, ao qual os agentes econômicos devem responder construindo seus próprios marcos, gerando suas intervenções, racionalizando seu engajamento, definindo seus referenciais e critérios na perspectiva de resultados futuros, a partir de suas ignorâncias *sobre o futuro*.

1.17 Referências

ALEXANDER, Igor. The world in my mind, my mind in the world: key mechanisms of consciousness in people, animal and machines. Exeter: Imprint Academic, 2005.

ATLAN, Henri, "Entre o cristal e a fumaça – ensaio sobre a organização do ser vivo", Jorge Zahar Editora, Rio de Janeiro, 1992.

Chardin, Teilhard de. The Future of Man. Harper & Row, New York, 1964.

DE GEUS, Arie, The Living Company, Harvard Business Press, USA, 1997.

FOGLIANO, Fernando; Externalização da inteligência e expansão da consciência; Anais da Anpap 2015, UNESP, disponível em http://anpap.org.br/anais/2015/comites/cpa/fernando_fogliano.pdf, extraído em fevereiro de 2017.

FRANK, Manfred. Self-Consciousness and Self-Knowledge: On some difficulties with the reduction of subjectivity. In: Constellations, Volume 9, Number 3, p. 390-408. Cambridge, 2002.

HAGERTY, Lawrence. The Spirit of the Internet, Volume I: Speculations on the

Evolution of Global Consciousness, Matrix Masters, Inc., Tampa, Florida, 2000.

MANOVICH, Lev. Software takes control. Disponível na Internet em http://softwarestudies.com/ softbook/ manovich_softbook_11_20_2008.pdf, acesso realizado em 30/11/2009.

MARTINS DA SILVA; Ricardo Capitanio. Análise da Arquitetura Baars-Franklin de Consciência Artificial Aplicada a uma Criatura Virtual. Dissertação de Mestrado apresentada à Faculdade de Engenharia Elétrica e de Computação da Universidade de Campinas - UNICAP - como parte dos requisitos para obtenção do título de Mestre em Engenharia Elétrica. Área de concentração: Automação. Campinas, São Paulo, Julho de 2009.

MURPHY, Stephen. Media Technologies, Cognition And Consciousness-Expansion. 2012. Extraído de http://assembleit.net/wp-content/uploads/2016/09/Media-Technologies-Cognition-and-Consciousness-Expansion.pdf , em Abril de 2017.

NONAKA, Ikujiro, TAKEUCHI, Hirotaka, The knowledge-creating company: how japanese companies create the dynamics of innovation, Oxford University Press, New York, 1995

ONG, Walter. Orality and Literacy: the Technologizing of the World. London: Methuen Publishing, 1982.

PESSIS-PASTENAK, Guitta (Entrevistadora), Do Caos à Inteligência Artificial, Editora Unesp, São Paulo, 1992.

PIAGET, J. Seis Estudos de Psicologia. Editora Forense. Rio de Janeiro. 1994.

PIAGET, J. Psicologia e Pedagogia. Editora Forense. Rio de Janeiro. 2013.

RITTO, Antonio Carlos de Azevedo. Organizações caórdicas – modelagem de organizações inovadoras. Editora Ciência Moderna, Rio de Janeiro, 2004.

RITTO, Antonio Carlos de Azevedo, Organizações em Rede - ordem e caos na estruturação do trabalho. Monografia apresentada como exigência curricular para obtenção do Diploma do Curso de Altos Estudos de Política e Estratégia, Edição ESG, Rio de Janeiro, 2004a.

RITTO, Antonio Carlos de Azevedo. Consciência, Ciência e Espiritualidade, Capítulo do Livro Estudos da Consciência - A Consciência segundo diferentes Linhas de Pensamento, Editora Ciência Moderna, Rio de Janeiro, 2017.

STEWART. Ian; COHEN, Jack. Figments of reality: the evolution of the curious mind. Cambridge University Press, New York, 1997.

VIEIRA, Jorge de A. Semiótica, Sistema e Sinais. Tese de doutoramento apresentada no Programa de Comunicação e Semiótica de PUCSP, 1994.

VIERA, Jorge de A. Teoria do Conhecimento e Arte: Formas de conhecimento – Arte e Ciência uma visão a partir da Complexidade. Fortaleza: Expressão Gráfica e Editora, 2006.

Capítulo 2
Empreendedorismo e Inovação

2.1 Cenário 2020

O cenário Brasileiro apresenta uma descoberta sobre o tema e se encontra na busca sobre "Como Inovar, se Sustentar e Desenvolver". O caminho para a Cultura da Inovação não é trivial e exige mudanças. Estas mudanças também não são opcionais e confrontam trocas, aprendizados, metodologias, erros, acertos e principalmente *perdas e ganhos*.

Neste ambiente, que se delineia extremamente mutante, por reiteradas vezes, "a única certeza é a constante incerteza em que vive a sociedade atual". Vivemos um momento ímpar. Se, por um lado, observamos muitas ameaças, com problemas sérios de cunho social, educacional e de saúde, por outro lado, temos a oportunidade do desafio para o crescimento. A história da humanidade comprova que durante as épocas de crise surgiram as maiores descobertas e grandes desafios foram superados.

Iniciando a terceira década do terceiro milênio a chave do futuro é a educação e o caminho é o empreendedorismo e a inovação. As instituições de ensino iniciam uma busca na adequação de currículos e parcerias em projetos aplicativos e o mercado de trabalho interage com a academia no preparo e aperfeiçoamento constante de seus funcionários e colaboradores. A educação continuada ressalta a importância reconhecida pelas empresas nos processos de seleção exigindo formação atualizada, capacitação e treinamento. Também os novos paradigmas, com vistas ao perfil profissional e patrimônio das instituições estão sendo radicalmente transferidos da relevância das máquinas e patrimônio material para a importância das pessoas-profissionais-cidadãos e patrimônio intelectual da instituição, isto é, o conhecimento gerado e acumulado por seus funcionários. O emprego dá lugar ao trabalho e a empresa pode ser de uma única pessoa. As associações tomam posições diferenciadas e são medidas por resultados e qualidade de produtos e serviços que entregam. Surgem as Startups e novos modelos de negócio.

Neste ambiente surgem também novos métodos, técnicas e ferramentas de desenvolvimento do conhecimento e do perfil empreendedor, bem como os processos de inovação que possam vir a atender este novo cenário mundial.

A sociedade, na formação e qualificação de profissionais cidadãos, exige pesquisa, soluções e mecanismos de aprimoramento na educação, proteção do conhecimento, gerência de mudanças, liderança e novos modelos de negócios com vistas a construção de processos adequados e atualizados no apoio à evolução pessoal, profissional e institucional, demandas urgentes para uma maior qualidade de vida justa e merecida para a sociedade Brasileira.

Esta nova sociedade gera uma mudança de paradigmas no mundo inteiro, onde a tecnologia deixou de ser um fim para se transformar em meio. Isto significa que os conhecimentos disseminados precisam ser redirecionados e atualizados.

Em muitas áreas tornou-se necessário reanalisar as técnicas e metodologias utilizadas, bem como a atuação de seus profissionais e suas novas funções.

Deste modo vários questionamentos se fazem necessários e em duas direções:

- Qual o perfil dos profissionais que precisamos?
- Quais suas novas funções? Como prepará-los?

Os estudos e avaliações empreendidos por empresas e instituições de ensino estão desenhando os rumos da tecnologia, as necessidades no perfil profissional do futuro e as mudanças organizacionais. As conclusões indicam algumas tendências como:

1. PROFISSIONAIS: com conhecimento técnico aliado à cultura interna, nova forma de pensar, preparado para aprender, criativo, inovador e empreendedor.

2. TECNOLOGIA DA INFORMAÇÃO - T/I: como Estratégia de Negócios

3. EMPRESAS com menos níveis hierárquicos, mais ágeis e flexíveis, priorizando o capital intelectual, gerenciando conhecimento e oferecendo ao mercado e a sociedade serviços e produtos de qualidade em sua área de atuação.

Considerando tais redirecionamentos sobre a tecnologia da informação, o ambiente atual, incerto e complexo, e um futuro projetado de intenso desafio, com tecnologia menos crescente na sua essência, mas uma larga escala de abrangência e aplicações, temos que:

- O diferencial competitivo será a estratégia da empresa em usar adequadamente a tecnologia, de modo a agregar valor aos negócios e a visão de futuro definida por sua equipe.

- A geração e gestão do conhecimento serão os fatores críticos de sucesso para o atingimento de seus objetivos e o cumprimento da missão organizacional, alinhada *com as tendências do mercado atual de qualidade, visão e eficiência.*

2.2 O Estado para as Futuras Gerações

O quociente emocional atende muito mais as necessidades do mundo moderno do que as reações automáticas e invariáveis.

Gomes de Mattos.

2.3 Eras Históricas

ERAS HISTÓRICAS					
ERAS	**AGRICULTURA**	**INÍCIO INDUSTRIAL (1780)**	**INDUSTRIAL CONTEMPORÂNEO**	**CONHECIMENTO**	**CAPITAL INTELECTUAL**
RIQUEZA	TERRA	TRABALHO	CAPITAL MOEDA	INFORMAÇÃO	TALENTO
ORGANIZAÇÃO	Sistema Feudal	Direito de Propriedade (Dono)	Hierarquias Definidas e Muito Escalonadas	Rede Humana	Trabalho em Equipe
PRINCÍPIOS CONCEITUAIS	Escambo (Troca)	Divisão de Trabalho Interesse Próprio Pagamento Por Tarefa	Divisão de Gerenciamento Proprietário X Administrador Fazer X Pensar Automação Pessoa x chefe	Hierarquia de Poucos Níveis Gerência De Processos Integrados Diálogo Equipe Por Tarefas	Hierarquia de Muito Poucos Níveis Processos Integrados Trabalho em Colaboração Equipe Por Projeto

Uma leitura atual demonstra que o Brasil não tem cultura de Planejamento, nem avaliação. Os Programas de avaliação são fracos e seguem uma visão mecanicista de Taylor (certo x errado). As pessoas não estão acostumadas a falar a verdade. Estamos no século do Serviço, mas o Pós-venda é insipiente. Falar Bem – só quando perguntado. Falar mal 24 (vinte e quatro) vezes mais.

No plano Individual, entramos no Primário como uma Interrogação-? – e saímos como uma frase feita. "O que você quer ser?". Quantos formandos no Brasil? Quantas empresas no Mercado? O que é o Mercado hoje? O que é empresa, emprego ou trabalho?

A última década apresentou um mercado altamente instável com mudanças radicais que influenciarão o mundo por tempo ainda não determinado. A perda do

Controle Econômico dos governos iniciou uma crescente Volatilidade de Mercado. O rápido avanço tecnológico com declínio no custo da Tecnologia permitiu novas perspectivas de negócio com diferentes formas de fazer negócios, clientes mais exigentes e uma nova relação de negócio e trabalho. Surgiram novas determinantes de valor, crescente noção de interdisciplinaridade e decrescente importância nos processos de Medidas Tradicionais, com pesquisas e inovações em métodos e técnicas de medir e avaliar. Qualidade, competitividade e concorrência se transformaram em fatores críticos de sucesso com uma visão mais abrangente, inovadora e integrada.

As manifestações mais visíveis de transformação e mudança, em todos os ambientes, traduzem uma liberdade do pensamento com crescente responsabilidade na ação individual e nominal, inserida no contexto de objetivo coletivo consciente e conquistado. O protagonismo tornou-se mandatório para que, cada um desenhe seu projeto de vida pessoal e profissional, inserido econômica e socialmente na sociedade.

A Globalização mudou conceitos, transferindo o Conceito geográfico-onde para o de negócios-como; da Centralização e/ou descentralização para todo e qualquer lugar; do ambiente isolado para Sem fronteiras; o que não se sabe aqui se pode buscar nas Redes de colaboração; da Presença geográfica para o Bom cidadão local. Em lugar de Duplicação de recursos desenvolve-se uma Economia em escala, com exigência de boas comunicações e em lugar de Foco de curto prazo elabora-se Visão de longo prazo.

Neste cenário, a visão de "**Negócio**" se ampliou para "**uma relação entre partes com interesses, que se complementam, agregam ou trocam**".

Figura 1- A nova relação de Negócio

Esta transformação trouxe um novo comportamento em todo o mundo, com o visível crescimento das aplicações da Tecnologia, e um novo Título de "Transformação Digital", permitindo que uma relação de negócio se realize em "todo lugar"; "a qualquer hora"; "de vários modos"; "adequado às demandas"; "considerando os valores intangíveis" e "integrando pessoas/equipes".

Com a visão do todo e novas características impostas pela globalização torna-se extremamente relevante o estudo e avaliação das forças atuantes e existentes para o negócio, as organizações, as pessoas e a Sociedade. As oportunidades, fraquezas, forças e ameaças se transformam em fatores críticos de sucesso pessoal e institucional. Nesta ação vale ressaltar a importante característica de VISÃO do gestor.

O ambiente atual exige uma nova relação de negócio e trabalho onde a sobrevivência pessoal, profissional e organizacional na Sociedade será o prêmio para esta ação inovadora.

A compreensão do ambiente é fator mandatório para a realização de projetos de sucesso com alcance total de seus objetivos. Exige-se a definição de estratégias de reconhecimento de ambiente com definição das forças externas, adequação às novas Estruturas Econômicas, implantação de Gerência de Mudança, Visão de Futuro, como agregar valor aos Negócios, Informacionalização, uso da Informação para guiar novos negócios com vantagens, Sistema Competitivo, Concorrência Internacional e Quebra de Fronteiras.

O Planejamento Estratégico alcançou o nível maior da hierarquia organizacional como documento diretor de gestão e o desafio da organização é gerenciar este novo Ambiente e atender aos novos usuários de forma inovadora.

2.4 A Cultura da Instituição, Desafio, Ambiente e Valores

O desafio instituído é como atender as novas demandas da Sociedade, o novo mercado e ***ter sucesso*** atingindo seus objetivos. Os elementos estruturais do Planejamento Estratégico norteiam o desenvolvimento dos projetos, tais como: Visão de futuro, Missão, Objetivo estratégico e fatores críticos de sucesso.

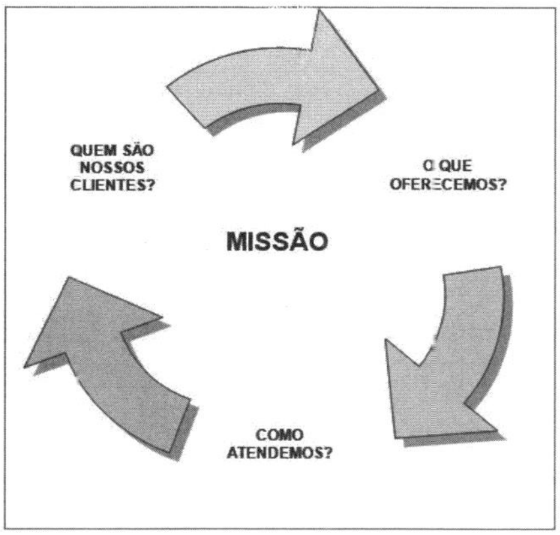

Figura 2 – Planejamento e Missão

A Missão da Organização e suas diretrizes definidas no Planejamento Estratégico é a resposta ao desafio imposto, e o perfil do profissional que desenvolverá o Planejamento, bem como realizará a Missão, é a solução de execução.

O Ambiente da Instituição é composto por 3(três) entidades, o **Mundo** - espaço coletivo e de convivência social, profissional, organizacional e da natureza, a **Organização** – espaço restrito individual e coletivo, considerado produtivo e o **Homem** - entidade transformadora e usuária dos espaços.

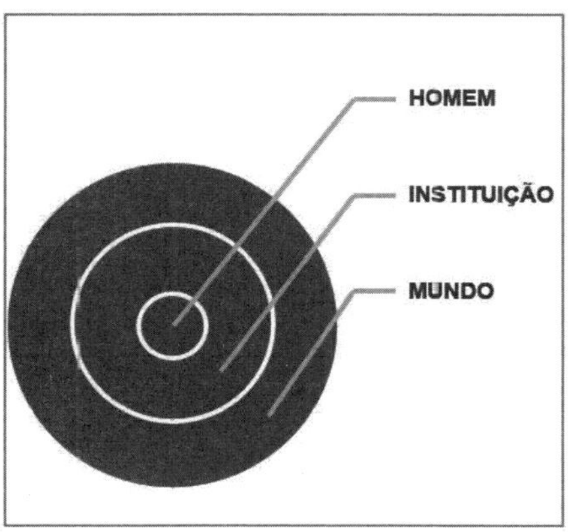

Figura 3 – O Ambiente da Instituição

O **Homem**, indivíduo no centro dos espaços inicia um Projeto Individual que deve levar e convidar outros para a Missão Organizacional da **Instituição**.

A partir da Missão o Papel social da Instituição deve promover o Desenvolvimento da Ciência de modo transformador no Inconsciente da Sociedade transformando o **Mundo** com uma cultura de Massa.

2.5 Sentimentos: Amor - Ódio

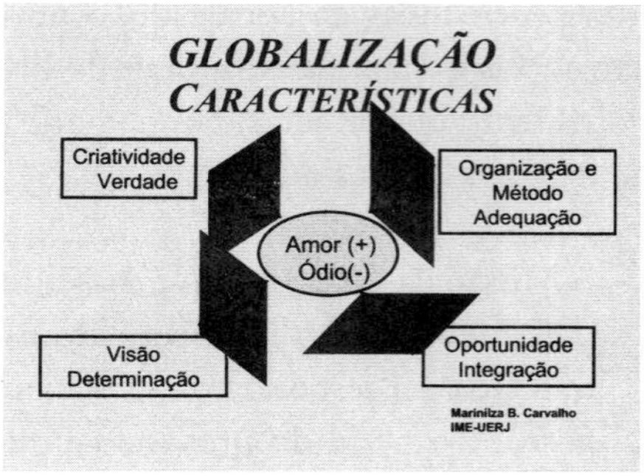

Figura 4 – Os Sentimentos na Organização

Temos a considerar, o que a história demonstra que as pessoas fazem, melhor e mais, tudo de que mais gosta. Os sentimentos de amor e ódio se confundem quando a necessidade e a obrigação se misturam. Assim, no amor tem-se a criatividade como verdade e a visão da determinação, contudo, muitas vezes, os métodos para adequação e a integração com as oportunidades entre pessoas e processos, trazem sentimentos negativos que exigem liderança para conciliar e desenvolver parcerias, compor negociações e possibilitar resultados não mais isolados ou locais, mas sim, como soluções integradas e globais.

O trabalho de equipe se torna indispensável e o perfil empreendedor líder e conciliador é o requisito.

2.6 As Entidades

As Entidades em uma Organização, Instituição, Empresa ou Grupo de trabalho, praticamente são as mesmas desde o início dos tempos, contudo suas denominações, interpretações e mesmo a consideração entre seus pares foram se transformando e redefinindo-se. Desde sempre tem-se o MUNDO - espaço de civilização (ou nem tanto), INSTITUIÇÃO - subespaços mais delineados e específicos e o HOMEM - ser humano que habita e trabalha nestes espaços.

Entidades: Mundo — Instituição – Homem

- Indivíduo, Projeto individual e Missão Organizacional
- Papel social da Organização e Desenvolvimento da ciência
- Inconsciente, cultura de Massa
- Projeto coletivo, Experiência, história quer na Instituição e no Mundo gerar os sentimentos de Amor e Ódio. Papel do Líder empreendedor conciliador.

Figura 5 – As Entidades

A partir da Era da Organização mais detalhada do trabalho e das Instituições, foram se delineando procedimentos de melhoria de resultados e estudos para maior qualidade dos mesmos. Nesta era, foram sendo criados os processos, procedimentos específicos para alcance de cada objetivo.

Com a Tecnologia e mais atualmente a Transformação Digital, estes processos foram aperfeiçoados e tornaram-se prática mundial. Neste novo contexto as Entidades tomaram as formas dos 3P.

Pessoas, Processos e Projetos.
Entidades: Pessoas - Processos e Projetos

- Pessoas - Indivíduo, com Projeto individual e/ou participante da Missão Organizacional ou de trabalho.
- Processos - São trajetórias de ação social da Organização e/ou do trabalho, bem como a trajetória do Desenvolvimento da ciência e da tecnologia
- Projeto coletivo ou individual, gera Experiência, história quer na Instituição, no Inconsciente e na cultura.

2.7 Valores

No momento atual as forças que atuam para criação e geração de valor estão diretamente ligadas ao Intelecto e autoria. O valor patrimonial imóvel perdeu espaço para o intangível.

Neste ambiente uma Marca pode ter maior Valor que uma grande Construção Imobiliária.

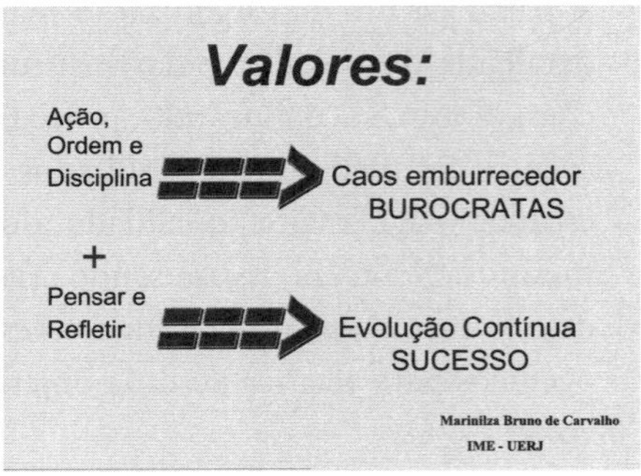

Figura 6 – Valores e Ações

No entanto, existem os espaços e momentos de criação e percepção de Valores.Evidentemente, que se busca e trabalha com processos, ordem e disciplina como necessidade de construção, contudo, não se podem considerar tais ações como permanentes, pois se corre o risco de cair no Caos da Burocracia demasiada.

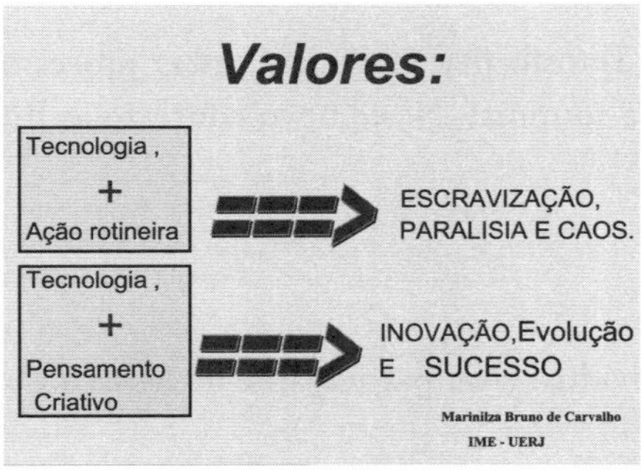

Figura 7 – Valores e Consequências

O ciclo do processo deve conter: ação, ordem e disciplina seguidos de avaliação e reflexão. Daí outra ordem e disciplina devem nascer.

2.8 Culturas na Instituição

A disseminação de uma nova cultura, mais sensível às pessoas e consequentemente ao mercado e sociedade é atualmente uma grande determinante de valor nas Instituições, que desenvolvem programas de Capacitação e treinamento em gerência de mudanças, liderança e gestão de pessoas. Segundo Francisco Gomes de Mattos o Quoeficiente de Felicidade - QF nas Empresas é fator de crescimento da produtividade empresarial, Institucional e Intelectual.

Mandamentos segundo Gomes de Mattos.

- Como ser feliz fazendo os outros felizes.
- As pessoas não sabem ser felizes.
- Precisa-se ensinar " Como Ser Feliz ".
- Ser Feliz é condição para ser produtivo.
- O Infeliz produz Infelicidade.
- O frustrado agride.
- Ética e Cidadania.

- Valores Morais e Dignidade do Ser Humano.
- Cultura de Participação.
- Liberdade de Criar eContribuir.
- A Felicidade é Fruto da Educação.

Objetivos ou pontos básicos para aprender a ser feliz.

Buscar nas pessoas, nos processos e nos projetos:
A beleza, os detalhes, a amizade, o amor, a verdade e a cooperação.
Ter e Construir nas pessoas, nos processos e nos projetos:
Fé, visão, trabalho, lazer, estudo e simplicidade.

2.9 Relacionamentos na Instituição – Perfil Profissional

As Características do Terceiro Milênio

As Organizações e Pessoas devem ter papéis bem diferentes dos que estavam habituados a lidar. O SÉCULO XXI propõe muito mais responsabilidade pessoal e organizacional, com um poder nominal de referência, isto é, cada função ou projeto tem um líder e/ou responsável, que deve responder por tais funções ou tarefas. Aquelas funções, antes, sem responsáveis, onde qualquer um pode fazer, todo mundo sabe fazer, e ninguém faz, já deixaram de existir. Cada função tem um nome, a quem deverá ser cobrado, onde a competência e qualidade tem lugar de honra.

AS CARACTERÍSTICAS DO MUNDO NOVO – segundo Ítalo Calvino

- **Leveza**

Subtração do peso. Voar, sonhar. Mudanças de paradigmas. Criatividade. Inovação. Sem negar origens ou tradições, mas como sequência natural de EVOLUÇÃO.

- **Rapidez**

Apressa-te lentamente ou "Devagar que estou com pressa"de Rui Barbosa, é a agilidade pensada e não a pressa irresponsável. Denominado por Tereza Creuza Negreiro em seu artigo "A Mulher no 3º Milênio" de "A Era **Shazam**", através do qual a Rapidez deverá atender aos atributos dos Deuses e Reis da Antiguidade. **S** - Salomão – sabedoria; **H** - Hércules – força; **A** - Aquiles – coragem; **Z** - Zeus - poder; **A** - Atlas - Vigor ; **M** - Mercúrio - hábil, ágil e flexível. Na era da Instantaneidade, em que estamos vivendo, a rapidez da intuição, da experiência acumulada, tem valor expresso, de sobrevivência. O quociente emocional atende muito mais as necessidades do mundo moderno do que as reações automáticas e invariáveis. Estas últimas, deverão ser deixadas para as maravilhosas Máquinas da tecnologia atual e o homem pensante deverá decidir ágil, emocional e controladamente.

- **Exatidão**

De modo muito claro, Calvino argumenta, bem fundamentadamente, de que servirá ao mundo rapidez e criatividade, sem a EXATA determinação do pensamento. A competência será exatamente o produto desta combinação.

- **Multiplicidade e Consistência**

A globalização pressupõe novos paradigmas e uma forte integração mundial, mas ingênuo pensar que tal proposição possa se assemelhar a unidade. Ao contrário, a multiplicidade de funções vem se revelando como a característica do futuro, onde a rede de conexões entre fatos, pessoas, situações e circunstâncias tornam-se cada vez mais complexas, exigindo de todos, indivíduos e organizações, pensamentos e ações diversificadas e abrangentes.

A visão pluralista e multifacetada fará a integração adequada de um universo em evolução constante. De nada ou pouco servirá um projeto criativo, rápido, exato, visível e de múltiplos objetivos se não carregar em seu escopo, uma grande consistência. Isto é, não atende em nada a sociedade.

SENTIDOS DO PROFISSIONAL DO SÉCULO XXI

Que o profissional homem e cidadão assuma na leveza sua glória e culpa, na rapidez o curso do pensar e refletir, na exatidão, reconheça quão desumano pode ser o humano e quais as justificativas do injusto, na visibilidade defina uma visão de futuro positiva e compartilhada por todos, na multiplicidade construa o universo integrado pela coragem, conscientização, direito e valores éticos e morais, constituindo e definindo um perfil com características empreendedoras.

2.10 Histórico dos Conceitos de Empreendedorismo e Empreendedor

Segundo Timmons " O empreendedorismo é uma revolução silenciosa, que será para o século XXI mais do que a revolução industrial foi para o século XX."

A Literatura apresenta um estudo histórico muito rico de conceituações sobre o tema Empreendedorismo e Empreendedor e no qual pode-se perceber as concordancias e convergências de conceitos, desde Mill em 1848 culminando com as pesquisas e conceito de Dolabella e Filion em 1999.

1848 Mill : Tolerância ao risco.
1917 Weber : Origem da autoridade formal.
1934 Schumpeter : Inovação, iniciativa.
1954 Sutton : Busca de responsabilidade.
1959 Hartman : Busca de autoridade formal.
1961 McClelland : Corredor de risco e necessidade de realização.
1963 Davids : Ambição, desejo de independência ,responsabilidade e autoconfiança.
1964 Pickle : Relacionamento humano, habilidade de comunicação, conhecimento técnico.
1971 Palmer : Avaliador de riscos.
1971 Hornaday e Aboud : Necessidade de realização, autonomia, agressão, poder, reconhecimento, inovação, independência.
1973 Kirzner : Identificação de oportunidades na ordem presente.
1974 Borland : Controle interno.
1974 Liles : Necessidade de realização.
1977 Gasse : Orientado por valores pessoais.
1978 Timmons : Autoconfiança, orientado por metas, corredor de riscos moderados, centro de controle, criatividade, inovação.
1980 Sexton : Energético, ambicioso, revés positivo.
1981 Welsh e WhiteNecessidade de controle, visador de responsabilidade, autoconfiança, corredor de riscos moderados.

1982 Dunkelberg e Cooper : Orientado ao crescimento, profissionalização e independência.
1987 Drucker : Inovação e capacidade para conviver com riscos e incertezas. Busca por mudanças.
1987 Aquino : Agressivo para negócios, eterno farejador de oportunidades. Dinamicidade e inquietude.
1989 Degen : Responsável pela criação de novos produtos e mercados, superando os anteriores.
1991 Filion : Ser social, produto do meio que vive, fenômeno regional.
1993 Farrel : Capacidade de aprender a utilizar uma estratégia de fazer as coisas de maneira simples, tornando-se competitivo.
1995 Oliveira : Capacidade de formar um novo negócio ou desenvolver um negócio já existente, elevando seu valor patrimonial.
1998 LezanaeToneli : Persegue o benefício. Trabalha individual e coletivamente.
1999 Dolabela (2ªPesquisa Filion) : Imagina, desenvolve e realiza visões.
2001 Dornelas : Motivação singular, paixão pelo trabalho, necessidade de deixar um legado.

Em resumo na evolução dos conceitos temos:

- FINAL DO SÉCULO XVII: firme resolução de fazer alguma coisa
- SÉCULO XIX E INÍCIO DO SÉCULO XX: grandes capitães de indústria, Ford, Toyota, Peugeot
- HOJE :
  USA: alguém que criou uma empresa: franqueado, dono de oficina;
  INGLATERRA: proprietário dirigente de empresas;
  QUÉBEC: emprega-se o termo nos dois sentidos
  SCHUMPETER : Aquele que inova
  FILION : Pessoa imaginativa que visualiza oportunidades de negócios, toma decisões de risco moderado visando inovar.

Empreendedor é aquele que Imagina, desenvolve e realiza visões.

Filion ,1991.Segundo Dolabela,1999

Empreendedorismo é a ação de tornar possível um planejamento.

2.11 O Empreendedor na Empresa considerado Intraempreendedor.

Conforme OLIVEIRA (1995), o termo entrepreneur, francês, de origem latina (entre + pendre = inter- ação mútua + prehendere = utilizar, tomar atitude), foi incorporado pela língua inglesa pela falta de um termo correspondente. Na língua portuguesa, contudo, existe uma palavra que traduz de forma fiel o seu significado: empreendedor.

O termo intrapreneur ou intraempreendedor, que de acordo com PINCHOT III (1989), é aquele que, mesmo sem deixar a organização em que atua, realiza atos de criação ou inovação típicos de um empreendedor, dentro da Empresa.

O que diferencia (para alguns autores) este último do empreendedor, é o fato de atuar de forma empreendedora dentro de uma empresa já estruturada.

No sentido mais estreito o conceito de empreendedor se refere a pessoa e não ao ambiente, quer seja empresa ou sociedade.

A ação empreendedora acontece em qualquer ambiente.

Na sociedade, na empresa ou na família.

O Perfil Empreendedor busca aprimorar e desenvolver características para identificar cenários, ambientes, perfis e definir objetivos.

2.12 Organização do Pensamento

Para qualquer projeto: pessoal, intelectual ou institucional o Empreendedor busca:

1. Identificar: Cenários, Ambientes e Perfis.
2. Definir Objetivos (projetos de vida integrados aos projetos institucionais).
3. Definir Estratégias, Metodologias e Tecnologias necessárias.
4. Elaborar planejamento das ações.
5. Realizar (executar, acompanhar, medir, avaliar e corrigir).
6. Concluir (relatórios, documentação e recomendações).

Com base na figura abaixo se comprova que somente na integração dos projetos profissional e pessoal podem alcançar objetivos que tornem as pessoas felizes e produtivas.

Figura 8 – Integração dos Projetos de Vida, Pessoal e Trabalho

2.13 Questões Fundamentais

a. Empreendedor nasce pronto? (Resultado de genes favoráveis), pode ser. Não é comprovado.

b. Pode-se treinar empreendedores? (Resultado de aprendizado), também pode ser, contudo não está comprovado.
c. Uma vez empreendedor, sempre empreendedor? (Estilo de vida) Sim. Já comprovado.
d. Um empreendedor que faliu nunca foi empreendedor? Um empreendedor, com determinação própria do perfil, não se considera falir, mas resultados negativos, com busca de outras estratégias.
e. Um bom gerente pode se tornar um empreendedor? Para ser um bom empreendedor tem que ser um bom gerente? Todas são possíveis, não é a função que define o perfil.
f. Algumas regiões produzem mais empreendedoras. Pode ser que sim, para o caso de empreendedores involuntários.
g. Algumas condições econômicas produzem mais empreendedoras. Pode ser que sim, para o caso de empreendedores involuntários.

O Empreendedor é "Alguém que não sabe que não é possível fazer vai lá e faz".

O empreendedorismo não é tema novo, temos os artesãos da idade média que se desenvolveram de forma independente. Contudo existem os perfis de Empreendedor:

>> **VOLUNTÁRIO** - é aquele que busca soluções de forma rotineira. Faz parte do seu cotidiano a proatividade na realização de tarefas e atividades.

>> **INVOLUNTÁRIO** - é aquele que no Caos busca sobreviver, e na maioria das vezes, com base no dito popular «ele dá a volta por cima». Mas somente quando a situação exige, ou a vida cobra dele.

h. Na última questão temos: É possível ensinar alguém a ser empreendedor?

Não é possível criar ou ensinar alguém a ser empreendedor. A semente do empreendedorismo pode ser implantada e a ação empreendedora pode ser desenvolvida no ser humano através de atividades de sensibilização, construção e reflexão do conhecimento, mas a decisão de aceitar e incorporá-la é exclusivamente individual.

O novo perfil econômico dos anos 30 e o pós-guerra foram desenhados pelas grandes empresas que imprimiam suas marcas. A partir dos anos 90 iniciou-se uma crescente abertura de pequenas empresas e pequenos negócios que se constituíram em grandes parcerias. As múltiplas especialidades criaram o Marketing de nicho com áreas de atuação forte, profunda e de pequenos raios. As grandes ideias deram início a grandes negócios. Contudo, a epidemia da falência demonstrou que, mantê-los exigiria mais que ideias. A nova regra passou a ser falir, e não ter sucesso. De cada três empresas formadas, duas fechavam as portas. As pequenas empresas (menos de 100 empregados) fecham mais: 99% das falências eram de empresas pequenas. Este histórico mostrou quem se manteria vivo, precisava ter o perfil empreendedor. Foi assim na década de 90, onde de cada 100, 95 fechavam nos primeiros dois anos porque não tinham a visão empreendedora.

Brasil (1991)

- Classificação das empresas (em números de empregados)

Setor	Micro	Pequena	Média	Grande
Indústria	até 19	20 a 99	100 a 499	acima de 500
Comércio e Serviço	até 9	10 a 49	50 a 99	acima de 100

- A participação das Micro e Pequenas Empresas

Produção	48%	Vendas no comércio	72%
Salários	42%	Produção industrial	23%
Emprego	59%	Serviços	56%
Número de empresas	96%		

Fonte: SEBRAE- MINAS

Figura 9 – Brasil 1991 - Antes do Projeto de Empreendedorismo

Taxas de falência de novas empresas (USA)

No final do	% de falência
1º. ano	40
2º. ano	60
10º. ano	90

A interpretação de que uma boa ideia é uma grande oportunidade e /ou negócio gerou uma crise de maus negócios e a **visão de uma ação empreendedora como líder de projetos** trouxe a solução de sobrevivência que o mercado esperava.

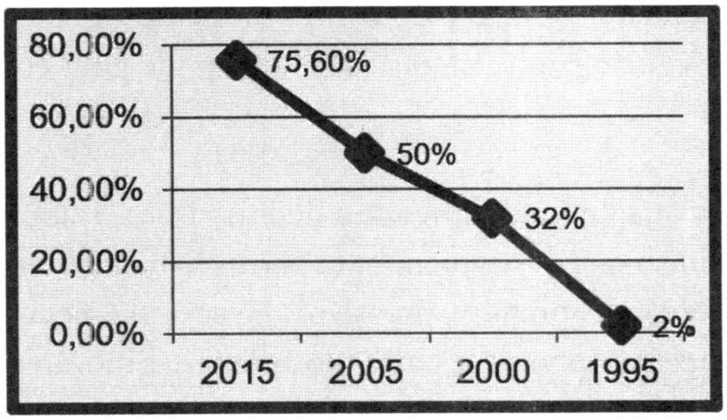

Figura 10 – Taxa de Sobrevivência das Empresas no Brasil 2015 - Relatório Firjan

Em 2015, no Brasil, as Empresas com **visão empreendedora** foram as que se mantiveram.

E de novo em 2015. Segundo o Relatório Firjan, a Taxa de Sobrevivência das Empresas no Brasil em 2015, demonstra que o perfil empreendedor e inovador garantiu que elas permanecessem vivas.

2.14 Perfil e Características do Empreendedor

Paradoxo da Tecnologia, segundo DIVA LUCENA

Profissional depende menos da Tecnologia e mais de sua Visão para usá-la com eficácia e criatividade.

O empreendedor tem um "modelo" que o influencia. Tem iniciativa, autonomia, energia, autoconfiança, otimismo, necessidade de realização. É inovador e criativo O fracasso é visto como um resultado. Tem forte intuição. Comprometimento. Trabalhador incansável. Sonhador realista. É racional, mas usa também a parte direita do cérebro. Luta contra padrões impostos. Diferencia-se. Tem a capacidade de ocupar um intervalo não ocupado por outros no mercado. Como no esporte, o que importa não é o que se sabe, mas o que se faz.

Ele crê no que faz. Orientado para resultados. Orientado para o futuro. Dinheiro como uma das medidas de desempenho. Rede de relações moderadas. Rede interna (família e equipe) é mais importante que a externa. Se estiver na posição de Líder, deve ter sistema próprio de relações com empregados. "Líder de banda".

Conhecimento do negócio. Internalidade. Controle do comportamento das pessoas. Empresa, Organização ou o Negócio é um sistema social que pode girar em torno de um empreendedor.

Assume riscos moderados, cultiva a imaginação e aprende a definir visões. Traduz os seus pensamentos em ações. Define o que deve aprender (a partir do não definido) para realizar as suas visões (aprender a aprender, proativo). Fixador de metas. Tem método próprio de aprendizagem. Aprende a partir do que faz. Emoção e afeto são determinantes para explicar o seu interesse. Aprendem indefinidamente.

2.15 Alinhamentos de Conceitos

1. Estratégia - É a abordagem da ação.
2. Metodologia - É o plano de ação
3. Tecnologia - É o plano de uso dos instrumento e insumos.

Em alguns casos as metodologias se confundem com as tecnologias.

4. Negócio - Na construção semântica, significa – negar o ócio. Utilizando o termo correlacionado a uma ação, tem-se que Negócio representará uma ação planejada para se atingir um objetivo proposto.
5. Lucro - Toda atividade tem ônus e bônus. O lucro é o bônus do resultado de uma ação. Podendo ser financeiro, estratégico, político, social, pessoal, intelectual, científico, acadêmico ou de outra natureza. O valor ético e moral do lucro está intimamente ligado à ação e as pessoas que a desenvolvem.
6. Mercado - É o segmento da realidade onde se percebe a EXISTÊNCIA de interesse pelos produtos ou serviços desenvolvidos. É o espaço onde existem os clientes. Existem os mercados *internos e externos* em organizações, sociedades ou nações. *Os mercados podem ser descobertos ou criados.*
7. Produto/Resultado - É o resultado da atividade ou ação empreendida.
8. Sucesso - É o alcance dos objetivos propostos.
9. Concorrência - É a simultaneidade de ações ou interesses de qualquer natureza ou caráter. Pode-se ter concorrência interna ou externa em organizações ou sociedades.
10. Valor - É o grau de importância dirigida a um determinado elemento. Existem vários tipos de valor. Os que constam neste estudo são os valores éticos e morais que devem nortear toda e qualquer ação.

11. Medida - É o grau atribuído como resultado da verificação e comparação, com o uso de instrumentos e das unidades de peso e medidas.
12. Avaliação - É um processo pelo qual se determina o mérito ou o valor de alguma coisa. (Scriven,1967). É o julgamento de valor com base em premissas definidas para referência. Deve ser ética, precisa, viável e exata.
13. Maturidade - É o grau de autonomia de uma pessoa na execução de determinada tarefa. A Maturidade é função de: fatores técnicos que são a habilidade e fatores psicológicos como o desejo de autoconfiança.

2.16 Visão Gerente X Empreendedor Líder

Gerente x empreendedor Características

Gerente	Empreendedor
Tenta otimizar os recursos para atingir metas	Estabelece uma visão e objetivos e depois localiza os recursos
A chave é adaptar às mudanças	A chave é iniciar a mudanças
Opera dentro de uma estrutura existente	Define tarefa e papéis que criam uma estrutura de organização
Ênfase no hemisfério esquerdo	Ênfase no dois hemisférios
Busca aquisição de conhecimentos gerenciais e técnicos.	Apoia-se na auto-imagem geradora de visão, inovação. Aquisição de know how e know who.
O que fazer ? Como fazer ?	Quem é você ? O que você faz ?

Figura 12 – Ação de Gerência X Ação de Empreendedor Líder.

A grande diferença percebida entre Gerente e Empreendedor, mesmo não estando como Líder de projeto ou equipe é a **Observância do Entorno.**

Considerando que uma das mais contundentes características do empreendedor é a condição de **perspicácia e identificação,** isto é, observar e perceber o outro, o ambiente e tudo ao seu redor de modo ágil e simples, a Gerência não empreendedora está focada no cumprimento das tarefas, enquanto o empreendedor está focado em como realizar as tarefas de modo que atenda ao objetivo e todo o seu entorno.

2.17 Sistema de Construção do Conhecimento (Allan Gibb)

Segundo Gibb, o Empreendedor constitui seu modelo de aprendizagem de forma diversa do modelo convencional de ensino-aprendizagem como apresentado na tabela abaixo de forma comparativa:

Aprendizagem Convencional	Aprendizagem do Empreendedor
Ênfase no conteúdo, que é visto como meta	Ênfase no processo. Aprender a aprender.
Conduzido e dominado pelo instrutor	Propriedade do aprendizado pelo participante
O instrutor repassa o conhecimento para o educando	O instrutor como facilitador e os participantes geram conhecimento.
Aquisição de informações "corretas" de uma vez por todas.	O que se sabe, pode mudar.
Currículo e sessões e fortemente programadas.	Sessões flexíveis e voltadas para as necessidades.
Objetivos do ensino impostos	Objetivos do ensino negociados
Prioridade para o desempenho.	Prioridade para a autoimagem geradora do desempenho.
Desenvolvimento de conjecturas e do pensamento divergente.	Conjecturas e pensamento divergente, vistos como parte do processo criativo.
Ênfase no pensamento analítico e linear.	Envolvimento de todo o cérebro.
Parte esquerda do cérebro.	Aumento da racionalidade do cérebro esquerdo através de estratégias holísticas, não lineares, intuitivas.
Conhecimento teórico e abstrato.	O conhecimento teórico amplamente complementado por experimentos.
Resistência à influência da comunidade	Encorajamento à influência da comunidade.
Ênfase no mundo exterior. Experiência interior considerada inapropriada no ambiente escolar.	A experiência interior é contexto para o aprendizado. Sentimentos incorporados à ação.
Educação encarada como necessidade social durante certo período de tempo, para firmar habilidades mínimas para um determinado papel.	Educação vista como um processo que dura toda a vida.
Erros não aceitos.	Erros como fonte de conhecimento.

O Crescimento e aprendizagem do Empreendedor, na prática, ocorrem quando Solucionando problemas, Fazendo sob pressão, Interação com os pares e outras pessoas, Trocas com o ambiente, Aproveitando oportunidades, Aprendendo com outros empreendedores ou pelos próprios erros: é uma área em que se podem cometer erros (pequenos) porque há liberdade e através do feedback dos clientes e parceiros.

2.18 Processo de Liderança

Liderar é tornar possível a ação dos outros. Resulta da energia, do desejo de realizar e das relações construídas, bem como seu conhecimento das pessoas, dos ambientes e dos processos.

Algumas habilidades de liderança podem ser consideradas como: comunicar-se com efetividade, motivar e encorajar, treinar e apoiar efetivamente, disciplinar e censurar e ainda transmitir e dividir uma visão.

A liderança não controla, coordena. E bem diferente de chefes que dão ordens, os líderes dão exemplos.

No tocante a modelos, existem três *Estilos dos líderes:*

- O Líder Autoritário que se utiliza de poder, os liderados são submissos e o desempenho da equipe depende do poder do líder

- O Líder Transacional é o que usa recompensa, negocia com o liderado e o desempenho depende de boas recompensas e expectativas desenhadas.

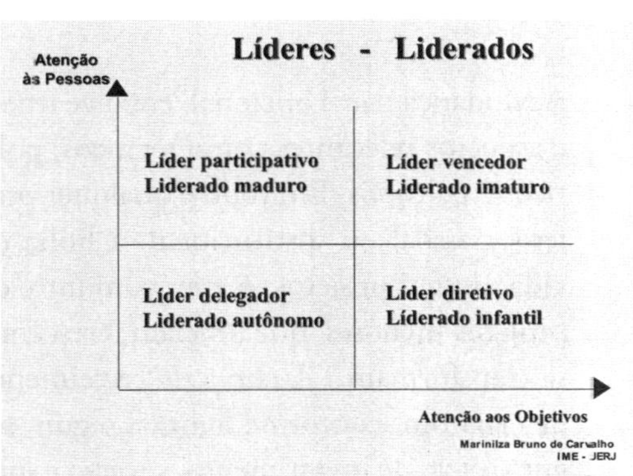

Figura 11 – Estilo de Líderes e Liderados.

- O Líder Transformacional é o que usa sua visão, estímulo e atenção pessoal na conquista de seus liderados, que são comprometidos, com a proposta defendida pelo líder, são leais e destacado. O desempenho depende da aceitação da visão pela equipe e talento de liderança nesta apresentação de proposta com a defesa de objetivos e participação de cada um.

Práticas Observáveis como Compromissos na Liderança:

1. Buscar oportunidades desafiantes para mudar, crescer, inovar e melhorar.
2. Experimentar, assumir riscos e aprender com os erros associados.
3. Vislumbrar um futuro elevado e enobrecedor.
4. Recrutar os outros para uma missão comum apelando para seus valores, interesses, esperanças e sonhos.
5. Fomentar a colaboração promovendo metas cooperativas e construindo confiança.
6. Fortalecer as pessoas partilhando informações e poder, aumentando sua discrição e visibilidade.
7. Dar exemplos aos outros, comportando-se de maneira consistente com seus valores declarados.
8. Planejar pequenas vitórias que promovam progressos conscientes e criem comprometimento.
9. Reconhecer as contribuições individuais ao sucesso de cada projeto.
10. Comemorar regularmente as realizações da equipe.

2.19 Curva de Crescimento

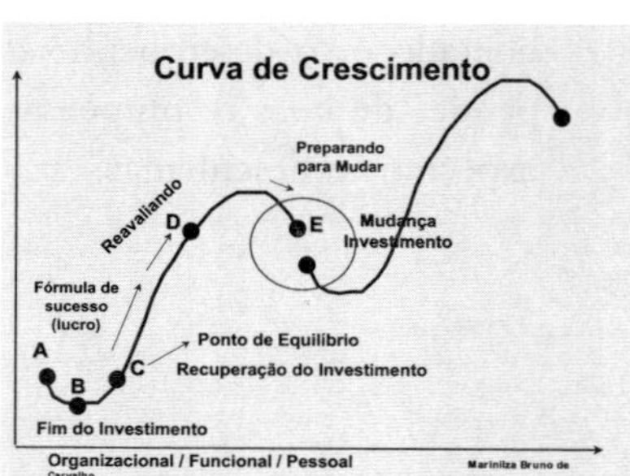

Figura 13 – Curva de Crescimento de Pessoas, Empresas e Nações.

A Mudança não é opcional, envolve trocas e aspectos relevantes como técnicos, políticos e culturais. Em todo e qualquer projeto, pessoal ou institucional, a linha da vida destes projetos é um conjunto de projetos menores, que iniciam, crescem e se transformam . A curva de crescimento de cada um, conforme figura a seguir, segue o ciclo de investimento, sucesso e mudança/atualização para novo projeto. O ponto de Mutação de Kapra e outros estudiosos que definem e redefinem as transformações que vivem a sociedade e o ser humano é um fator crítico de sucesso objetivado pelos empreendedores.

A Curva de Crescimento demonstra de forma cabal que os grandes resultados positivos são realmente o conjunto, mais até, o somatório dos pequenos resultados positivos.

Isto posto, tem-se que iniciado um projeto, ele se desenvolverá por **quatro fases de projeto**, coordenados ou criados por empreendedores com **três tipos de perfis profissionais**.

Considerando a estratégia de organização pautada em planejamentos, gerência de processos, ação de equipes interdisciplinares e medida de valor como o Patrimônio Intelectual, no projeto Institucional idealizado, cada etapa e atividade deverá ser executada por uma equipe de profissionais.

De forma mais detalhada as fases de Projeto são:

1. Fase AB - Investimento para o projeto; tempo, recurso, financeiro ou humano são os elementos desta fase.
2. Fase BC - Recuperação do investimento é a fase em que o projeto inicia sua trajetória de resultados para começar a pagar, isto é recuperar os investimentos realizados, o tempo, e todos os recursos destinados ao projeto.
3. Fase CD - Fórmula do Sucesso - é a fase de produtividade e lucratividade do projeto. Os recursos investidos já foram pagos e chega o momento de produção cujo plano de desenvolvimento e estratégia estão perfeitamente disciplinados e conhecidos.
4. Fase DE - é o Momento de Avaliação de resultados e cenários, para alinhar a continuidade e/ou mudanças estratégicas no projeto. É o momento de mudanças e adequações.

Daí nascerá uma nova fase AB.

Com relação aos Perfis Profissionais são os 3A´s de Empreendedor;

- **Aventureiro** - é o perfil para as Fase AB e BC. Ousa e inaugura um projeto até recuperar seus investimentos. Faz o que ninguém fez, autoconfiança, flexibilidade e curiosidade.
- **Atleta** - é o perfil para a Fase CD. Já definida a estratégia comprovada executa com qualidade. Faz da melhor maneira possível, método, disciplina e eficiência
- **Artista** - é o perfil para a Fase DE. Avalia, reflete e recria, propondo as adequações e mudanças. Faz o que ninguém pensou, intuição, imaginação e invenção.

2.20 O Agente de Transformação

O líder, e não chefe, desta equipe, deverá ter perfil empreendedor e assumir, frente as fases do projeto, três diferentes papéis: No ponto A da curva – início do investimento – ousadia – ação e visão ousada e corajosa para liderar uma atividade nova, talvez desconhecida de muitos - é o Aventureiro;

No ponto C – o projeto já se pagou e mostrou ter sucesso. É a fase Atleta - trabalhar muito com determinação, garra e disciplina.

No ponto D – é o momento do Artista. Reavaliar, pensar, inovar e inventar novas propostas e mudanças de projeto, sabendo que o projeto atual não vai durar muito tempo mais, conhecendo-se o ambiente, mercado e missão.

No ponto E – novamente a coragem e ousadia, poder de convencimento para preparar as equipes e a Organização, para a mudança de curva e criação de um novo projeto.

O Empreendedor deve conhecer os 3 PERFIS PESSOAIS básicos com os quais deverá lidar e as fases comportamentais que pode enfrentar em sua trajetória e a de sua equipe de projeto:

2.21 Tipos básicos das pessoas por grupos

É o desenho da Pirâmide, suportada por muitos, são os poucos que fazem acontecer.

- As poucas que fazem as coisas acontecerem.
- As muitas que observam as coisas acontecerem.
- A maioria que não tem a menor ideia do que está acontecendo.

2.22 Fases do Comportamento - empreendedor e sua equipe.

Figura14 – Fases do Comportamento humano diante de eventos.

Impacto - quando recebe uma notícia, evento bom ou ruim;
Recuo - em seguida ao evento, é verdade ou não. Dúvida!!!
Ansiedade - ainda em sobressalto.
Desespero - ainda que sejam eventos positivos as pessoas tendem a se desesperar. É verdade? E agora? São reações normais, e que muitas vezes se resolvem rápido. Contudo, existem pessoas que têm um tempo de latência maior e na equipe, e no trabalho, é claro, que na família também, causam ou podem causar desconforto, no mínimo.

Daí vem a esperança e a reconstrução. Em termos de equipe de trabalho o Líder é parte importantíssima nestes momentos e praticamente responsável pelo humor e sentimento de seus liderados. Um projeto importante, com um dano reparável, pode ser destruído se sua equipe não conseguir suportar este dano, ainda que reparável.

2.23 Skill Profissional

Um conjunto de pessoas congrega uma variada plêiade de personalidades ou perfis pessoais com características únicas e diversas que podem ser complementares, divergentes, complexas e por vezes incompreensíveis. Contudo, quando este grupo se torna uma equipe de trabalho, há que se estudar que perfis poderão e/ou deverão compor este time e de maior relevância ainda, como elaborar parcerias e realizar tarefas, por vezes difíceis e desafiantes com estas pessoas e seus variados perfis. Como lidar, trabalhar e liderar? Neste sentido o estudo dos variados tipos de perfis voltados para aprendizagem e desenvolvimento de tarefas torna-se mandatório.

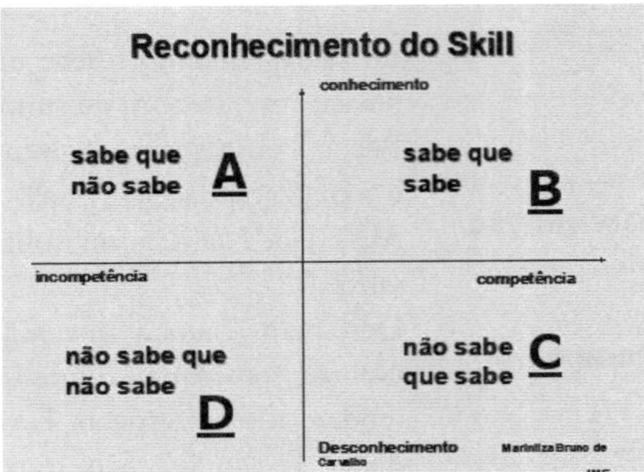

Figura 15 – Identificação de Perfis Profissionais.

Este estudo é resultado de parcerias e realizações desde 1995 com Empresas no Brasil e oferece um apoio na formação e seleção de grupos de trabalho. Os métodos são variados desde Dinâmicas, oficinas e desafios (soluções ágeis sob pressão).

Como resultado, pode-se perceber a identificação de 4 perfis, desenhados nos 4 quadrantes da figura abaixo.

No sentido horário tem-se:

A - o profissional **que sabe que não sabe** - é aquele que quer aprender, normalmente interessado e muito bom para se ter em uma equipe de desenvolvimento e inovação.

B - o profissional **que sabe que sabe** - é aquele que conhece seus atributos profissionais. Subtraindo-se o fato de ele, pode ser muito exuberante, frente aos seus conhecimentos, o que exige uma liderança cuidadosa e talvez um maior trabalho, é um profissional importante de se ter em equipe, dado sua condição técnica de conhecimento.

C - o profissional **que não sabe que sabe** - é aquele que tem conhecimento, mas é inseguro, muitas vezes ingênuo. Este profissional gera um pouco mais de trabalho ao líder de equipe no sentido de estimular ao desafio e construir sua própria confiança. Na maioria das vezes se torna um elemento importante, dado sua transformação, o que é gratificante para a liderança e toda a equipe de desenvolvimento e inovação.

D - o profissional **que não sabe que não sabe** - este profissional é o mais difícil de se lidar e conciliar na equipe. No entretanto, uma vez na equipe, pode ser bastante desafiante para todos, lembrando o trabalho adicional da liderança. Este profissional PENSA que sabe. Daí a questão cuidadosa de mostrar a realidade e cuidar de seu aprendizado.

2.24 Trajetória de Produtividade e Evolução do Empreendedor

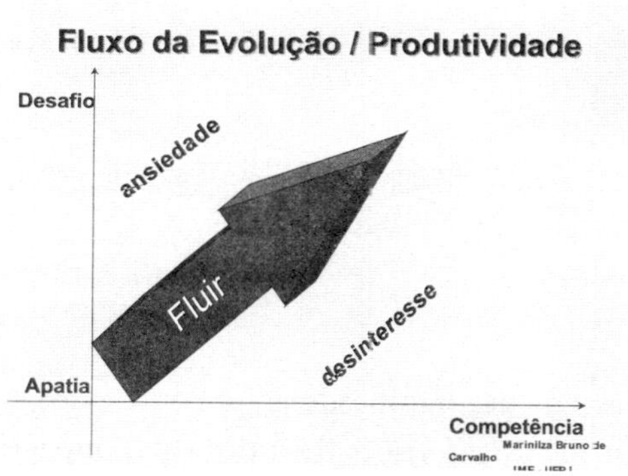

Figura 16 – Desenvolvimento e Evolução

Comprovado pelos estudiosos na Psicologia na década de 90, este gráfico é comprovado atualmente nos ambientes metodológicos da Gamificação.

Considerando os eixos de **Desafio da Atividade** e **Competência do Profissional** pode-se perceber que um Jogo, uma Tarefa ou uma Ação tenha resultados diversos com base na variação dos níveis de exigência de cada um.

Um Jogo, uma Tarefa ou uma Ação que ofereça **Baixo Desafio e o profissional também tem Baixa Competência**, o resultado é a **Apatia.** Nada há o que fazer.

No caso do Jogo, a Tarefa ou a Ação oferecer **Grande Desafio e o profissional tem Baixa Competência**, o resultado é a **Ansiedade**. Não se sabe o que fazer.

No caso do Jogo, a Tarefa ou a Ação oferecer **Baixo Desafio e o profissional tem Grande Competência**, o resultado é o **Desinteresse**. Não vale a pena fazer.

Isto posto, tem-se que a **Faixa de Produtividade e Interesse** é exatamente quando os níveis de Exigência do Desafio e Competência estão próximos e um exige um pouco mais do outro. Isto é, estão quase no mesmo nível de conhecimento e vão crescendo e desenvolvendo juntos.

2.25 Trabalhando a Visão de Futuro

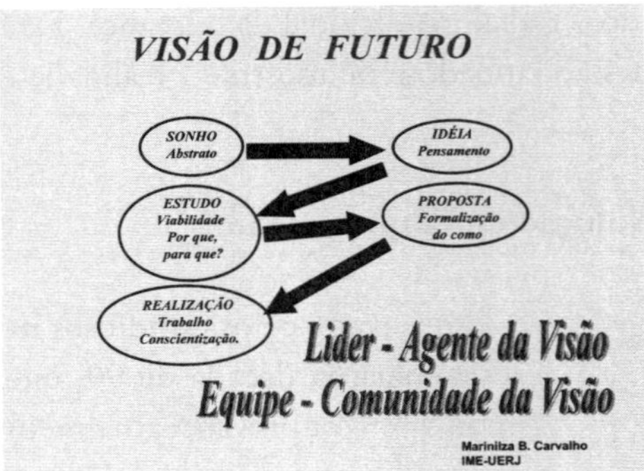

Figura 17 – Visão de Futuro

Uma Visão sem Ação é Sonho. Uma Ação sem Visão é Passatempo.
Mas uma Visão com Ação pode mudar o mundo.
Joel Barker,95

2.26 Visão de Futuro

Uma visão positiva do futuro é essencial para dar significado ao presente e nos dá o poder de resolver problemas e atingir metas. As visões de futuro têm impacto comprovado em organizações, nações e indivíduos, quer adultos ou crianças.

2.27 Objetivo das visões de futuro e a comunidade da visão.

- oferecer o caminho para a construção do futuro;
- esclarecer o papel de cada um;
- ilustrar como atingir as metas propostas;
- demonstrar a força positiva de se ter uma visão;
- enfatizar a razão da vida, a missão de cada um;

2.28 A Importância de se ter uma Visão

Em tempos de crise ou transformação social a tendência é uma concentração nos problemas presentes, deixando o futuro distante ou como um sonho. No entanto, pensar no futuro de forma consciente e empreendedora é componente importante para cada um desenvolver a capacidade de moldar seu futuro.

O que significa as pessoas que simplesmente deixam as coisas acontecerem por si?

Pessoas reativas x proativas. Quem controla o seu futuro?
É importante pensar, sonhar e visualizar seu futuro?
O que podem ganhar ou perder em pensar sobre o futuro?
Como definir uma direção, se não sabem onde chegar? Se não conhecem seu futuro?

As visões do futuro são os motivos de vida., Fred Polak.

Fred Polak sugere que as maiores realizações na história do mundo foram precedidas por grandes visões.

2.29 Poder da Visão

O poder da visão é o estímulo da vida. É importante ter sempre alguma coisa ainda por fazer na vida. Por este motivo a visão precisa ser algo muito forte e de grande significado. Ela pode mudar e até salvar vidas.

É importante ressaltar que 1(uma) visão não pode ser em números ou cifras. Tais números podem apenas ser consequências de uma visão.

Iniciada pelos líderes, que coletam os impulsos do mundo exterior, integram com hoje e amanhã, executam, observam, definem propostas, modificam e organizam-na para a elaboração da visão. A Visão deve ser Compartilhada e apoiada pelas equipes, também precisa ser Abrangente e detalhada. A visão deverá apresentar os porquês e como. Os pontos críticos e os fatores de sucesso para o mesmo. Toda a equipe deve conhecer suas responsabilidades na visão. Uma Visão deve ser Positiva e inspiradora - Deve ter "aura", deve ter carisma. Uma VISÃO deve "valer a pena".

Os Valores de cada um: serão os limites avaliadores da visão e os avalistas de sua realização. A comunidade - Equipe da visão é a geradora de poder.

O agente da visão como Líder de equipe e de Projeto

O Agente da Visão é o Líder de equipe e projeto que apresenta a Visão para o grupo. Com Conhecimento e definição clara do que é uma visão e sua proposta de projeto.

Ao conquistar a Equipe para a realização da proposta detalhando a missão de cada um, suas competências, atribuições e objetivos, ele, o Líder Cria a **Comunidade da Visão** para o desenvolvimento conjunto do Planejamento Estratégico, Execução, Acompanhamento e Avaliação do Projeto, cujos **Valores** serão os instrumentos para medir a direção da visão (correta ou não, adequada ou não, ética ou não).

2.30 Dez Passos para o empreendedorismo

1. Adote uma atitude nova em relação à forma de trabalhar e liderar.
2. Lembre-se que, o importante é o que uma pessoa é, o que faz.
3. Estimule a habilidade para estabelecer relações interpessoais.
4. Elimine as pressões do conformismo.
5. Estimule a autonomia e liderança entre os funcionários.
6. Use exemplos da vida real no trabalho.
7. Encoraje os funcionários a definir as suas próprias situações, problemas e visões.
8. Ajude-os a se acostumarem a identificar o que os interessa e motiva a crescer.
9. Crie oportunidades para transformarem suas ideias em ação. Estimule a habilidade de canalizar energia para os objetivos.
10. Não perca de vista que a visão empreendedora é aprender a aprender e de forma proativa. O processo de aprendizagem é mais importante que o conteúdo. O saber isolado não é suficiente.

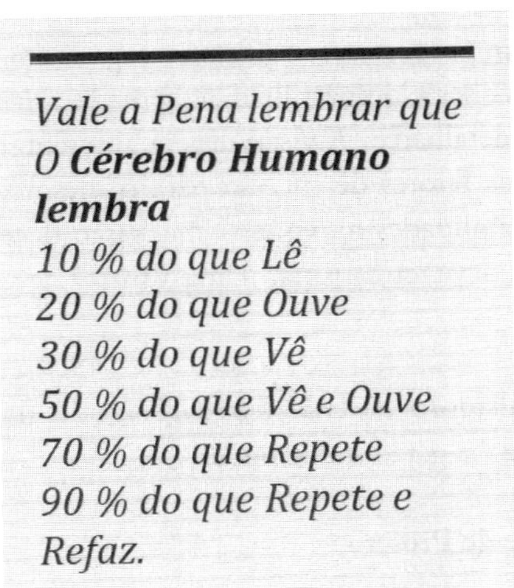

Figura 18 – Vale a Pena Lembrar que!

2.31 Inovação

A Questão da Mudança

Deve-se considerar que não há nada mais difícil de planejar, nem de êxito mais duvidoso, nem mais perigoso, do que lidar com o estabelecimento de um novo sistema. O inovador terá por inimigos todos aqueles a quem o antigo sistema beneficiava e terá tímidos defensores os que forem beneficiados pelo novo estado de coisas.

Esta fraqueza decorre em parte por medo dos adversários, em parte da incredulidade dos homens, que não acreditam na verdade das coisas novas senão depois de uma firme experiência.

Daí resulta que os adversários, quando tem a ocasião de atacar, o fazem fervorosamente, como sectários, enquanto os outros o defendem sem entusiasmo, de maneira que o inovador e seus partidários ficam igualmente vulneráveis.

Niccolô Machiavelli
O Príncipe, 1513

2.32 Trabalhando as Mudanças

Nicolau Maquiavel, reconhecido como fundador do pensamento e da ciência política moderna, em 1513, discorreu, com muita propriedade, sobre a dificuldade de se trazer, apresentar e realizar mudanças. Neste sentido um Programa de Inovação, apresentado como o primeiro projeto de apoio e aceleração de ideias e propostas inovadoras para desenvolvimento social e econômico, em qualquer Instituição encontra algumas arestas. Contudo, ao conseguir realizar algumas de suas atividades propostas, seus resultados são impossíveis de serem negados, com total comprovação de seus objetivos. Um Programa, Projeto ou Ação Inovadora visa a geração de uma nova cultura centrada nas pessoas e suas possibilidades de solucionar problemas novos ou antigos com propostas diferentes e ágeis.

A Disseminação da Cultura de Inovação e Empreendedorismo na Sociedade busca inocular o vírus da Gestão da Inovação, de modo que as ações de Pesquisa e

Desenvolvimento estejam comprometidas com a geração de resultados para o bem- estar da sociedade, sempre com a postura de inovar. Nas Instituições não é diferente.

Identificar possíveis soluções em campos diversos do saber, e se preocuparem com a garantia da autoria de seus inventores e propositores na Instituição é mandatório para uma comunidade que deseja ser referência singular de inovação. A cultura da Inovação traz consigo novos atributos que geram novos tecidos sociais com Flexibilidade de Raciocínio, a visão ampliada de horizontes, o exercício de uma mente conectada e um pensar distencionado de modo a dotar os autores e gestores de negócios das condições de propor, planejar e fazer gestão de projetos, ações e atividades de forma inovadora.

Uma nova era se instala e exige a construção de novos critérios e indicadores de inovação que possibilitem e gerem informações relevantes de apoio à Tomada de Decisão.

Uma Instituição pode potencializar a criação de empresas para a Sociedade, mesmo para Incubadoras, empresas Juniores e empreendedores individuais na promoção da cultura e a relevância do planejamento e gestão.

Qualificar a comunidade Institucional com grupos de pesquisa e desenvolvimento nas dimensões da inovação, da gerência de projetos, avaliação, gestão e de modelos empreendedores, com temas que possam remeter ao aprimoramento profissional, criação de empreendimentos, intervenções inovadoras, sustentáveis e ao exercício da cidadania são requisitos para um futuro melhor e mais justo.

2.33 Gerência de Mudanças

Trabalhando a Questão dos Paradigmas - Conceitos, Segundo Joel Barker

As mudanças devem ser trabalhadas em todos os níveis:

- DE PARADIGMAS - aceitar outros paradigmas.
- DE AMBIENTE - identificar novos ambientes.
- DE FOCO - definir focos.

Vemos e entendemos o Mundo através de nossos ***PARADIGMAS***. Um passo vital para se romper as barreiras à ***INOVAÇÃO*** e para liberar nossa ***RESISTÊNCIA ÀS MUDANÇAS*** é o estudo e compreensão das ***FORÇAS DOS PARADIGMAS***, objetivando:

- explicar vantagens e desvantagens do ***NOVO***;
- oferecer orientação;
- ajudar a aprender;
- aumentar o interesse e possibilidades individuais;
- mostrar como enfrentar o ***MUNDO NOVO***;

I. O Problema do Processo de inovação

a. O que ajuda? Perfil empreendedor, a abertura para aprender e ouvir novidades.
b. O que inibe? Medo da mudança gerar perdas e não conciliar saída.
c. Como se define um ***PARADIGMA***? São Padrões, modelos de como as pessoas agem ou trabalham. Como vivem e pensam. Quais as últimas mudanças à paradigmas importantes? No Brasil temos a grande mudança do Cigarro. É proibido fumar em quase todos os lugares. Foi uma mudança de paradigma que a sociedade realizou.
d. É possível que alguma tarefa seja realizada de modo diverso, talvez melhor? Deve-se pensar sempre em relação a todas as tarefas. Quando e como pode-se fazer melhor, mais eficaz.
e. Análise de risco e preço. Quais os benefícios e o custo de cada novidade? Deve valer a pena.
f. Dinheiro como resultado e não como objetivo.
g. O que é impossível de fazer, mas que poderia ser feito se houvesse mudanças radicais?
h. O que parece impossível hoje, pode ser possível amanhã.

II. Efeito paradigma

Funcionam como filtros para os dados novos que chegam.

Se os dados novos combinam com os nossos paradigmas, eles são aceitos, teremos uma função de CONTINUIDADE , mas se não combinam com os nossos paradigmas, não são aceitos. Surge a ameaça ou oportunidade de mudança, que depende exclusivamente da flexibilidade de aceitar e desejar mudar. MUDANÇA = AMEAÇA X OPORTUNIDADE

III. Paralisia de paradigma

Quando um dado novo é NÃO ACEITO e não se vê a OPORTUNIDADE DO NOVO .

IV. Paradoxo do paradigma

É a explicação da dificuldade de mudar e aceitar novas ideias.
É o dilema de sair dos processos que já deram certo, e nos levaram ao sucesso, prendendo-nos ao antigo e dificultando a mudança.
É a dificuldade de ver que o método corrente não atende mais as necessidades atuais.

V. Pioneiro do paradigma

É o apresentador do NOVO, que precisa ter fé e acreditar, posto que o status quo estará contra ele.

VI. Flexibilidade ou Maleabilidade de Paradigmas

É um comportamento dinâmico, consciente e constante de questionamento e validade dos paradigmas atuais, com a capacidade de reconhecer novas ideias e prontos a empreender as mudanças necessárias.

VII. Movedor de Paradigmas

Geralmente é alguém de dentro que saiu e volta com novas ideias.

VIII. Regra de Volta ao Zero de Thomas Kuhn

Quando um paradigma muda, todos voltam ao zero.

O sucesso anterior não garante nada, podendo empanar a visão de futuro de novos paradigmas.

2.34 Inovação e Conceitos

"...A originalidade do homem está no seu poder de sonhar... e porque é racional, mas também é sensível, é que o homem percebe, na relação direta de seus desejos, as insuficiências do mundo em que vive. Sua insatisfação não é, assim, um vício, mas a virtude que o faz ser construtor de projetos"...."Nesta época de mudanças intermináveis, a regra de ouro é sempre molhar os pés, porque só se aprende fazendo... Acredito que hoje a causa principal do fracasso seja a incapacidade de assimilar mudanças... A boa notícia é que a mudança sempre traz oportunidades. Sempre há muitas oportunidades para compensar as ameaças... Geralmente o tipo de pessoa que contratamos prospera com mudanças, procura mudanças. Tentamos sempre escolher gente assim".

(PLATT,1997, Lewis, presidente da Hewlett-Packard em 1997,empresa considerada campeã em inovação permanente.)

Inovar é dar uma nova utilidade a instrumentos, ferramentas e objetos. Utilizar o conhecido para criar o desconhecido. Fazer diferente. Pensar diferente e SER diferente.

Segundo a Lei de Inovação, a Inovação Incremental é o melhoramento do produto ou do processo já existente, e Inovação Radical, quando o produto ou processo é completamente novo, tendo como referência a instituição. Portanto, se é novo para a instituição é uma inovação. A extensão destes conceitos ao domínio da Tecnologia deve ser entendida como sendo a situação em que a instituição introduz um produto ou um processo tecnologicamente novo. Assim como, quando um melhoramento tecnologicamente significativo é introduzido em seu próprio processo e produto.

Inovar nas organizações, segundo o modelo antigo, ainda vigente, apresenta o ambiente de trabalho fechado e competitivo. A pesquisa é realizada em grandes laboratórios próprios. A integração é vertical, o que significa profundo conhecimento específico e aumento da pesquisa interna, seguindo a visão e objetivos conhecidos na missão das instituições.

O modelo novo, que privilegia a parceria e o desenvolvimento conjunto, começa sua incursão em algumas grandes organizações e em muitas pequenas e médias empresas. Segundo Henry Chesbrough, 2003, que denominou de "*Open Innovation*", este modelo compartilha as três linhas do processo de produção, isto é, a pesquisa, o desenvolvimento e a comercialização. Desta forma, uma organização pode pesquisar, desenvolver e comercializar sozinha ou em parcerias, em cada uma destas fases.

Outras novas modalidades de trabalho em rede e de parceria são a Internalização e a Externalização de Tecnologia com o patenteamento de soluções para uso interno, a negociação com *royalties*, o licenciamento de novas tecnologias de e para outras empresas.

Na internalização, uma organização recebe a pesquisa de outra instituição para simplesmente desenvolver ou desenvolver e comercializar em conjunto com a primeira.

Na externalização, a organização repassa sua pesquisa para comercialização ou desenvolvimento e comercialização. Outras formas de parceria também podem ser construídas apresentando a flexibilidade e abertura para a criação intelectual e propriedade industrial.

Assim, inovação é toda e qualquer nova forma de pensar, criar e usar nossos conhecimentos, métodos, técnicas e instrumentos na solução de problemas e atendimento às demandas da sociedade.

Os Pilares da Educação, relatório da Unesco, 2001, oferece caminhos para a Inovação tais como: Aprender a aprender; Aprender a ser; Aprender a fazer e Aprender a viver em Comunidade.

2.35 Novos Valores e Características na Inovação

O sucesso do futuro está assegurado em 3 pilares. São eles: **Pessoas, Informação e Tecnologia.**

As **Pessoas** gerando **Informação e Tecnologia** de modo a atualizar a todos com novas informações e novas tecnologias.

A **tecnologia** como nova ferramenta capaz de auxiliar o crescimento em todas as áreas.

A **informação** como matéria-prima que permitirá o desenvolvimento e a construção do conhecimento.

As **pessoas**, como geradoras de ativos e gestoras de todo o processo, deverão liderar, criar, decidir e realizar as manifestações que resultarão no futuro proposto.

Neste contexto, as pessoas precisam conhecer como a tecnologia poderá ser utilizada e permitir que a informação flua de modo a ser identificada, tratada e disseminada na forma correta, chegando íntegra ao seu destino.

A manifestação humana na tomada de decisão levará a informação devida a quem de direito, imprimindo a qualidade de vida que o cidadão espera. Esta afirmativa comprova a responsabilidade de quem detém a informação, liderança e gestão.

Novos processos e soluções de problemas antigos minimizam as incertezas e propiciam resultados melhores.

Assim posto, temos que pessoas inovadoras podem impulsionar o mundo. Em todas as áreas do conhecimento emergem os projetos de inovação. Contudo há que se observar que algumas propostas nascem no seio de sua própria área e setor como as engenharias. Outras como a Educação e Saúde precisam da multi e transdisciplinaridade para construir e emergir propostas e soluções inovadoras.

Na educação, por exemplo, o professor de sala de aula, precisou conhecer o engenheiro de computação e todos os paradigmas de um novo modelo de aprendizagem para construir uma educação à distância efetiva e eficiente.

2.36 Gestão da Inovação

A Gestão da Inovação se propõe a desenvolver metodologias de prospecção da Inovação, identificação de potencialidades, gestão e avaliação da inovação, com seus resultados (produtos, processos e/ou serviços), indicadores de requisitos, modelos de gestão, tecnologia e novos saberes.

É missão da Gestão da Inovação o desenvolvimento da **Cultura da Propriedade Intelectual.**

A Cultura de Propriedade Intelectual é uma inovação deste século. Tornou-se elemento de premiação nas Instituições e a Lei de Inovação veio estabelecer novos parâmetros na relação de trabalho, pesquisa e produtividade. O Manual de Oslo da OCDE e Eurostat ***(Ocde- Organização para Cooperação e Desenvolvimento Econômico; Eurostat - Gabinete Estatístico das Comunidades Europeias)*** Orienta como inovar, o que é considerado inovação institucional e a Gestão da Inovação. Os últimos relatórios de CIS (the **Community Innovation-Surveys** *(CIS))* reiteram que as empresas que mais inovaram foram as que mais se desenvolveram. As leis de Inovação estaduais legitimaram e costumizaram as regras da inovação em cada segmento de Estado Brasileiro. Saíram na frente o Amazonas, Minas Gerais, São Paulo e Rio de Janeiro. Outros estados seguiram o exemplo, adequando às suas realidades uma Lei de Inovação Estadual. Os itens mais garantidos são a autoria e a premiação dos funcionários e servidores, quer público ou privado com ganhos pecuniários na transferência de tecnologia da Instituição para a Sociedade. A contratação de instituições entre si para serviços ou desenvolvimento conjunto, também para o caso de serem públicas. A academia fica mais próxima da sociedade, na medida em que empresas possam realizar seus testes e experimentos em Laboratórios das ICTs - Instituição Ciência e Tecnologia, e também os pesquisadores destas ICTs possam trabalhar em pesquisas nas Empresas com benefícios pecuniários, sem perda dos seus emolumentos.

A disseminação da Cultura da Propriedade Intelectual surge como requisito indispensável à instalação de modelos de Inovação. É claro que a inovação é maior que a PI - Propriedade Intelectual, mas a inovação sem PI se apresenta menor, transforma-se em tradição, estilo ou história, onde se perdem as marcas, os produtos, os mercados, as autorias, as referências e seus princípios. O Dr. Luís Roberto (Londres,L.R,2013) disse que "*quando os meios viram fins, perdem-se os princípios*", e com eles os autores, protagonistas de toda a Inovação.

Assim, tem-se que, garantir a autoria é estabelecer o direito, a ética e a cidadania, os valos morais e o respeito ao ser humano.

2.37 Propriedade Intelectual: Proteção e Transferência

Os produtos da mente, sonhos, visões, imaginação, etc. quando realizados, transformando-se em serviço ou produto, são propriedades intelectuais, patrimônio maior das organizações de hoje.

Dividindo-se em Inovação e Invenção, a Propriedade Intelectual permite as mais variadas formas de Proteção como Patentes, Registros, Direito Autoral, Marca Registrada ou Segredo Comercial, a saber:

- Patentes - Direito temporário de uso de uma nova e útil invenção, com exclusão de todos os outros (20 anos) modelos de utilidade (15 anos);
- Registros- Aplicáveis a desenhos industriais (10 anos + 3 períodos de 5 anos);
- Direito Autoral- Direito de exploração comercial da obra do criador. Inclui "software" (vida do autor + 70 anos);
- Marca Registrada - Direito do uso de palavras para identificar produto ou serviço (10 anos+sucessivos períodos de 10 anos);
- Segredo Comercial- Informação de valor comercial ou industrial.

Com esta visão as Instituições de Pesquisa e Desenvolvimento (P&D) investem pesadamente em áreas com as seguintes Conceituações:

- Capacitação tecnológica - capacidade de uma empresa envolver inovações tecnológicas, bem como selecionar, licenciar, absorver, adaptar, aperfeiçoar e difundir tecnologias nacionais ou importadas;
- Gestão tecnológica - administração de um conjunto de habilidades, mecanismos e instrumentos organizacionais necessários para a sustentação da capacidade de gerar, introduzir e apropriar inovações tecnológicas;
- Atividades de pesquisa e desenvolvimento - são aquelas que compreendem a pesquisa básica dirigida, a aplicada, o desenvolvimento experimental e os

serviços de apoio técnico de suporte às atividades acima;

- Pesquisa básica dirigida - é um conjunto de atividades que objetivam adquirir conhecimento quanto à compreensão de novos fenômenos visando ao desenvolvimento de produtos, processos ou sistemas inovadores;

- Pesquisa aplicada - é um conjunto de atividades desenvolvidas com o objetivo de adquirir novos conhecimentos visando ao desenvolvimento ou aprimoramento de produtos, processos ou sistemas;

- Desenvolvimento experimental - são as atividades sistemáticas desenvolvidas a partir de conhecimentos já existentes que visam à comprovação ou demonstração de viabilidade técnica ou funcional de novos produtos, processos, sistemas e serviços ou um evidente aperfeiçoamento dos produzidos ou estabelecidos;

- Serviços de apoio técnico - são os serviços indispensáveis à implantação e manutenção de instalações e equipamentos destinados, exclusivamente, a linhas de Pesquisa e Desenvolvimento Tecnológico, bem como a capacitação de recursos humanos envolvidos nestas atividades;

- Instituições de pesquisa e desenvolvimento (P&D) - são as entidades dotadas de recursos humanos, métodos de gestão, metodologias e acesso a equipamentos necessários à execução das atividades conceituadas como de P&D.

2.38 Legislações

A legislação em vigor define os Direitos de Propriedade Intelectual (DPI), tais como: Direitos exclusivos, e não monopólio, Duração, Interesse Público, Negociabilidade, Direitos Transnacionais e Enforcement através das leis:

1. DIREITOS E OBRIGAÇÕES DA PROPRIEDADE INTELECTUAL
- DECRETO N.º. 2553 DE 16/04/98

2. GANHOS SOBRE A CRIAÇÃO INTELECTUAL
- PORTARIA DO MCT N0. 88 DE 23/04/98

3. LEI DO DIREITO AUTORAL
- Lei 9610 de 19/02/98

4. PROGRAMAS DE COMPUTADOR
- DECRETO N0. 2556 DE 20/04/98

5. LEI DA PROPRIEDADE INDUSTRIAL
- LEI N0. 9279 DE 14/05/1996

6. RATIFICAÇÃO DA RODADA URUGUAI
- TRIPS - DEC.1355 DE 30/12/94

7. PATENTES
- LEI 9256 DE 14/05/96

8. CULTIVARES
- LEI 9456 DE 15/04/97

9. "SOFTWARE"
- LEI 9609 DE 19/02/98

10. ASSUNTOS DE ESPORTES (PELÉ)
- LEI 9615 DE 24/03/98

2.39 Transferência de Tecnologia

É o processo através do qual uma inovação tecnológica é negociada e transferida de um indivíduo ou grupo para outro, o qual transforma este novo conhecimento em uma oportunidade de mercado, cuja possibilidade depende dos procedimentos de Proteção da Tecnologia.

Proteção da sociedade aos produtos da mente, como reconhecimento do valor desta contribuição teve seus Primeiros sinais com o Renascimento Italiano, seguido pela Inglaterra, 1623 (Statute of Monopolies) , depois EUA, 1790 - 1ª Lei. Na França, em 1791 com a Lei de privilégios de invenção.

O Brasil iniciou em 1809 com o Alvará de Concessão de privilégios do Governo Real. Em 1883, a Convenção de Paris, em 1994 - OMC/Acordo Trips e a Lei 9279 de 14/05/96.

É patenteável a invenção que atenda aos requisitos de novidade, atividade inventiva e aplicação industrial.

É patenteável como modelo de utilidade o objeto de uso prático, ou parte deste, suscetível de aplicação industrial, que apresente nova forma ou disposição, envolvendo ato inventivo, que resulte em melhoria funcional no seu uso ou em sua fabricação.

O Processo de Transferência de Tecnologias percorre as fases:

- Proteção e Comercialização
- Critérios de comercialização
- Etapas da comercialização
- Fatores influentes da comercialização
- Características das inovações/invenções/modelos de utilidades
- Mercado
- Acordos
- Documentação

2.40 A Propriedade Intelectual no Mundo

Atualmente em todo o mundo, muitos temas polêmicos são debatidos, como biogenética, a internet, mas com a ótica voltada para a conscientização e sensibilização para formas de proteção na criação de uma cultura social, que evite o uso de resultados indevida e irregularmente, além de tópicos para viabilizar comercialmente e transferência das pesquisas e descobertas em cada País. A Legislação Vigente orienta o registro de nomes e marcas, direitos de propriedade do Capital Intelectual de uma Organização, os valores social e econômico das patentes e a propriedade intelectual no Brasil e no Mundo. Sem o rigor da Lei de Propriedade Intelectual e Industrial, resultados são publicados, e muitas vezes, apropriados por outras pessoas ou países, independente do conhecimento e autorização dos autores. Os programas básicos de legislação precisam ser divulgados e estimulados o seu uso. A Patente evita o plágio. O desconhecimento da lei deixa a pesquisa vulnerável e favorece a pirataria.

Há um grande estímulo à publicação das descobertas científicas feitas no país em detrimento da preocupação de assegurar sua proteção. "O pesquisador acredita que se não publicar, não ganhará verba para dar continuidade à pesquisa e a lógica da patente vai de encontro à divulgação imediata."

Um dos pré-requisitos para que uma técnica ou objeto seja patenteado é a novidade, ou seja, o objeto da patente não pode pertencer ao domínio público. Alguns pesquisadores argumentam que exatamente por isso a patente impede a colaboração científica, pois cada cientista tentaria reter suas descobertas até que estas pudessem ser patenteadas. A questão pode ser resolvida com planejamento. O Pedido de privilégio e a redação da Patente pode acontecer em 40 dias, dependendo do grupo de trabalho e depois de registrado o pedido, a descoberta pode ser divulgada. O que não pode acontecer é publicar antes de ter o direito sobre a pesquisa garantido. Muitas publicações, principalmente as relacionadas com a biodiversidade, sem proteção, estão servindo de base para pesquisas de outros cientistas, que acabam pedindo a patente sobre a descoberta do primeiro.

A patente é um diploma legal conferido pelo Estado ao inventor que passa a deter o monopólio sobre sua invenção por 20 anos. Durante este período, o cientista ou instituição a que foi conferida a patente tem o direito de destinar como bem lhe aprouver sobre o invento. Para que a patente seja concedida, no entanto, é preciso que ela atenda a mais dois pré-requisitos, segundo a Convenção da União de Paris, documento elaborado em 1883 e que define as regras básicas para o sistema de patentes.

As Vantagens das Patentes são inúmeras, incluindo-se a liberdade de práticas, proteção da inovação, impede o uso pelos concorrentes, inibe ações fraudulentas, permite a diferenciação perante os clientes, garante a marca registrada, sigilo e outras.

InvençãoAlém da novidade, o objeto da patente deve ter aplicação industrial e ser resultante de atividade inventiva humana. No Brasil a discussão sobre as patentes possui mais um aspecto controverso. O Escritório de Patentes americano não distingue invenção de descoberta. Extratos de plantas e sequências genéticas podem ser patenteados, ainda que a descoberta não resulte de intervenção humana. No Brasil, a Lei 9279/96 impede o patenteamento de seres vivos, pois entende que a descoberta de um novo extrato não é invenção. "O que pode ser patenteado é técnica usada para isolar o extrato, mas não a planta em si, segundo informações do Instituto Nacional de Propriedade Intelectual. (INPI).

Inovação

É uma novidade criada sobre uma tecnologia ou processos. É um melhoramento comprovado, em técnicas ou procedimentos existentes, aplicada na produção e na indústria em geral.

2.41 Políticas de Inovação

A capacitação de pessoal não é tema inovador, mas realizá-la de fato, como crescimento pessoal, profissional, retornando inclusive para a organização, é uma atividade muito inovadora. Muitas organizações, entre as quais se podem incluir a academia, cumprem rigorosos planos de aperfeiçoamento de pessoal, mas somente nos últimos anos foi possível observar profissionais fazendo cursos e se capacitando, para efetivamente atuar na organização. A época da titulação, dos artigos e congressos, ainda não acabou, mas diminuiu muito. Atualmente, os profissionais são encaminhados para cursos lato sensu ou stricto sensu com projetos de busca de solução para suas organizações. O corpo técnico profissional das Instituições vem gradativamente sendo aperfeiçoado, de modo a elevar o nível de qualidade e produtividade brasileiro. Os cursos e capacitação "in house", realizados pelas Universidades em parcerias com as empresas comprovam esta posição. Foi nesta trilha que nasceram as Universidades Corporativas, elegendo as Organizações como instituições que aprendem, desenvolvem e aperfeiçoam pessoas, tecendo um espaço de construção do conhecimento em todo e qualquer segmento da realidade. **Atualmente, o Brasil ocupa um alugar desconfortável no Ranking Mundial de Patentes de Invenção e de Inovação (Modelo de Utilidade). Entre os 8 dos maiores países, o Brasil é o último.** Os países membros da WIPO, World Intellectual Property Organization, depositaram mais de três milhões de patentes em 2016, sendo que, cerca de um milhão e quatrocentos mil patentes concedidas, segundo relatório elaborado pela organização. O Brasil, por outro lado, teve cerca de 22 mil depósitos de pedidos de patentes analisados e 4 mil patentes concedidas no mesmo ano de 2016, segundo dados do relatório.

O mesmo relatório da WIPO afirma que apenas a Ásia recebeu mais de dois milhões de pedidos no ano de 2016, sendo que a maior parte deles ocorreu na China, com 1,3 milhão de pedidos e mais de 400 mil patentes concedidas, seguida por Japão e Coreia do Sul. No continente americano, os Estados Unidos depositaram o maior número de patentes, atingindo, em 2016, mais de 600 mil pedidos de patentes depositados e 303 mil patentes concedidas. O número de depósitos de pedidos na China em 2016 excedeu o número de depósitos dos EUA, da Europa, do Japão e da Coreia do Sul juntos, ou seja, o segundo, terceiro, quarto e quinto lugares.

O documento também revela um aumento muito expressivo de número de depósitos na China, de mais de 20% com relação a 2015, enquanto nos Estados Unidos houve aumento mais discreto de 2,7%.

As dez primeiras posições em depósitos de patentes são:
1. China; 2. EUA; 3. Japão; 4. Coreia do Sul; 5. Alemanha; 6. França; 7. Grã-Bretanha 8. Suíça; 9. Holanda; 10. Rússia

O Brasil se encontra na 24ª Posição.

Informação relevante contida no relatório da WIPO é o índice de pedidos de patente rejeitados ou abandonados. A Tailândia, por exemplo, teve apenas 10% de seus pedidos de patente concedidos entre os analisados pelo escritório nacional. Já o Brasil teve 19% de seus pedidos concedidos. No outro extremo temos países como o Japão onde 71% dos pedidos analisados foram concedidos.

Outra informação interessante do relatório é a respeito da estrutura dos escritórios dos países. Por exemplo, os Estados Unidos com seus 8279 examinadores analisaram cerca de 930 mil pedidos, concedendo 303049 patentes e rejeitando 484479.

Já o Brasil, no mesmo período, teve 22401 pedidos analisados por 201 examinadores, rejeitando 2371 e concedendo 4223.

Vale ressaltar que o número de patentes concedidas pelos escritórios ao redor do mundo dependerá não apenas do número de pedidos, mas também da estrutura de que dispõe para processá-los, dos procedimentos internos envolvidos, da perícia dos examinadores, etc. Sendo assim, é importante analisar os dados considerando as relevantes diferenças entre os escritórios.

Os Estados Unidos ocuparam a primeira posição no número de depósitos entre 1883 e 1963. O gráfico abaixo revela a variação de número de pedidos depositados nos cinco países líderes em número de depósitos.

Os dados comprovam que o Japão passou os Estados Unidos em 1968, assumindo a liderança até 2005, quando volta a cair para o segundo lugar, sendo ultrapassado pelos Estados Unidos. Tem-se também que a China passa por um acentuado crescimento desde meados da década de 1990, ultrapassando o escritório europeu e sul coreano em 2005, Japão e Estados Unidos em 2010 e 2011, respectivamente, tornando-se líder mundial, desde então.

Avaliação de Pedidos e Privilégio - Brasil e Estados Unidos

Países	Peritos	Patentes Analisadas	Concedidas	Rejeitadas	Número de Patentes analisadas por cada Perito
Brasil	201	22.401	4.228	2.371	111,44
Estados Unidos	8279	930.000	303.049	484.479	112,33

Tem-se que observar que a despeito do grande número de patentes concedidas e analisadas nos Estados Unidos, o Brasil apresenta o mesmo nível de perícia, visto que os Peritos americanos avaliaram per capta 112,33 patentes, enquanto os Brasileiros avaliaram 111,44 pedidos, com uma diferença numérica de 0,89, que não completa um pedido de patente.

2.42 Uma Política de Inovação

São objetivos da Política de Inovação orientar o planejamento das iniciativas de

Pesquisa, Desenvolvimento e Inovação (PD&I) na Instituição, de modo a articular e acelerar os esforços e resultados em ciência, tecnologia, empreendedorismo e inovação. Tal proposição visa levar para a Sociedade os produtos, processos e serviços gerados na Instituição no sentido de produzir os efeitos desejados no desenvolvimento Intelectual, Econômica e Social, fomentando o conhecimento e transformando-o em riqueza, com a melhoria da qualidade de vida da Sociedade.

As **Diretrizes de Inovação** com base nos Desafios percebidos e segundo o MCTIC devem:

1. Estimular bases de conhecimento e de tecnologia para inovação com:

b. A produção, absorção e disseminação de conhecimento e tecnologias na Instituição visando ao aumento da produtividade e competitividade;
c. Promoção de iniciativas para manter e ampliar a infraestrutura de pesquisa
d. Consolidação e ampliação da capacitação Institucional em Tecnologia Básica com vistas à inserção competitiva no comércio internacional de bens e serviços;
e. Promoção de iniciativas para o fortalecimento dos serviços tecnológicos ofertados;Ampliar a transferência de tecnologia e de conhecimento;
f. Simplificar o processo de pedidos e concessões de patentes na Instituição e incentivar o aumento de pedidos de patentes no exterior;
g. Incentivar a produção de conteúdos científicos e tecnológicos abertos e de qualidade em plataformas digitais;
h. Incentivar a produção científica e técnica;Estimular a adoção de tecnologias digitais nos diversos setores da Instituição;
i. Reavaliar a regulamentação da propriedade intelectual no âmbito da Instituição.

2. Disseminar a cultura de inovação e visão empreendedora, para mudanças de paradigma em todos os setores da Instituição;

a. Estimular a inovação aberta;
b. Promover ações para incentivar a cooperação entre os setores da Instituição;Promover a integração entre as instituições da região;
c. Estimular o desenvolvimento de produtos e de serviços para o mercado

global;

d. Reconhecer e valorizar os criadores e desenvolvedores de invenções na Instituição.

3. Assegurar fomento à inovação;

Ampliar instrumentos de garantias para aquisição de crédito para inovação na instituição;

4. Ampliar a base de talentos para inovação;

Adotar uma abordagem empreendedora em todos os níveis de capacitação estimulando o caráter interdisciplinar e colaborativo da inovação;

5. Estimular o desenvolvimento de mercados para produtos e serviços inovadores;

Simplificar e agilizar a criação e o encerramento de projetos e/ou *startups* com base tecnológica;
Estimular a ampliação do mercado de produtos inovadores de maior valor agregado;
Parcerias com vistas ao sistema tributário (uso das leis de incentivo) de modo a estimular a inovação;

6. Aprimorar e disseminar instrumentos jurídicos para um ambiente inovador com maior confiabilidade.

Estudar arcabouço Jurídico afim de que se permita contratar e adquirir de *startups,* levando em conta as particularidades delas;
A **MISSÃO** de uma política de inovação ou de seu departamento deve ser articuladora e integradora, seguindo e cumprindo a Hélice Tríplice.
A **VISÃO na** Política de Inovação deve desejar:
Ser o Agente de Referência e transformação em Inovação e Empreendedorismo na Instituição.

O **Modelo de Governança na Política de Inovação pode ser constituído por** quatro pilares:

1. **Plano de Comunicação e Divulgação.**

O Plano de Comunicação e Divulgação deve estabelecer o processo de comunicação permanente entre os atores envolvidos. No *PROCESSO DE COMUNICAÇÃO* e DIVULGAÇÃO deve ter como referência manter a informação atualizada, integra permanentemente entre todos os atores, de todos os tipos. Criar modelos de comunicação interna e divulgação externa. Este Plano deve garantir a todos os envolvidos o completo Conhecimento das informações referentes aos projetos e todo trabalho realizado.

2. **Plano de Prospecção de Parceiros e Demandas. Identificar os diferentes perfis dos *parceiros e todos os envolvidos.***

O Plano de Prospecção de Parceiros e Demandas deve identificar os diferentes perfis dos *parceiros e todos os envolvidos, bem como suas demandas e da sociedade em geral.* Com relação aos *PERFIS,* torna-se mandatório que a Governança de Inovação não somente identifique os perfis de todos os envolvidos como desenvolva estratégias específicas e seus *MODELOS* de Acordos e Instrumentos de negociação, parcerias, trabalho em equipe, coworking, bem como resolução de conflitos, para cada tipo de perfil identificado, de modo a garantir a eficiente e eficaz entrega dos resultados.

3. **Plano Pedagógico.**

O Plano Pedagógico com um sistema de Mentoria, Aprendizagem e Aceleração baseado nas melhores práticas e concebido de modo a permitir atualização constante para o atendimento à demanda de cada momento porque passa a Instituição.

O sistema de Mentoria, Aprendizagem e Aceleração deve ser elaborado de modo a atender as demandas das diretrizes prioritárias no que diz respeito a promoção e disseminação do Empreendedorismo, Inovação e Gerenciamento de Projetos e Planos de Negócios.

4. Plano de Acompanhamento e Avaliação

O Plano de Acompanhamento e Avaliação com um Sistema de monitoramento e de avaliação da Política de Inovação realizada. O processo de Inovação sugere riscos que devem ser estudados a luz de que prioridades devem ser consideradas, como impactos, custos de implementação e seus resultados. Desta forma torna-se de extrema relevância um processo de:

- *Priorização das Ações* com base nos indicadores de sucesso e resultados que possam gerar.
- Identificar a necessidade de mudança de rumos, aprimoramentos e correções nas ações realizadas, de modo a alcançar as metas definidas e/ou realinhá-las, com a elaboração de planos de revisão para cumprimento de objetivos preestabelecidos.

- Elaborar uma metodologia de construção de indicadores e o processo avaliativo, incluindo:

    - para cada objetivo, as categorias de análise para avaliação e aspectos de avaliação com nível de atendimento às metas.
    - a elaboração de relatórios periódicos de desempenho com base em indicadores gerados nas avalições de resultados e impactos.
    - os processos e mecanismos de monitoramento e avaliação pelos quais se pretende aferir o alcance dos objetivos desejados.

A **Política de Inovação da Instituição deve assumir o** importante **papel de protagonismo na Inovação.**

Funções da Política de Inovação da Instituição:

1. Fazer cumprir as diretrizes e políticas **Inovação da Instituição**
2. Implementar o planejamento estratégico que vise o desenvolvimento das ações previstas na Política de Inovação;
3. Articular técnicas de harmonização e organização entre os diferentes parceiros;
4. Fomentar avanços institucionais, visando eficácia, eficiência e efetividade na realização de suas funções;

5. Planejar e desenvolver ações que gerem uma mudança de comportamento em relação à pesquisa e inovação por parte da comunidade científica;
6. Prospectar novas linhas de pesquisa que estejam alinhadas aos interesses da Política de Inovação;
7. Levantamento, cadastro e atualização das linhas de pesquisa, pesquisadores e grupos de pesquisa em temas de Interesse;
8. Mapear potenciais parcerias internas e externas;
9. Gerenciar o sistema de monitoramento e avaliação;
10. Estimular e assessorar os projetos visando a efetivação da cultura de pesquisa e inovação, inserindo os modelos e metodologias de projetos;
11. Articular os modelos de acordo de projetos junto ao jurídico responsável;
12. Interagir sistematicamente com os autores de projetos no tocante à propriedade intelectual;
13. Avaliar a viabilidade e os custos das atividades;
14. Orientação a respeito de documentações e trâmites, internos e externos;
15. Consultoria no planejamento e elaboração de projetos;
16. Mapear as unidades com potencial de interlocução de projetos;
17. Promover a coleta de dados associada a projetos;
18. Orientar e promover a prática de acompanhamento de projetos:
19. Desenvolver e disseminar a metodologia de gerência de projetos.

2.43 Referências

Ângelo, Eduardo Bom. Empreendedor Corporativo: A Nova Postura de Quem Faz a Diferença , Elsevier, Rio De Janeiro , 2003.

Arruda, Carlos E Tadeu, Hugo (Coordenadores) Inovação em Cadeia de Valor de Grandes Global Competitiveness Report 2013-2014, Editado pelo Fórum Econômico Mundial (Wef), em Parceria no Brasil com a Fundação Dom Cabral (Fdc), e o Movimento Brasil Competitivo (Mbc).

Ascensão, José de Oliveira. Direito da Internet e da Sociedade da Informação. Ed. Forense. 2002. Rio De Janeiro.

Barkerj. Seminários de Nivelamento - São Paulo - 1995.

Basso, Maristela. “O Direito Internacional da Propriedade Intelectual”. Livraria do Advogado. 2000.

Carvalho, M.B; Ritto,A.C.A., Dias, J.C.V.: Gestão Da Inovação Nas Ict's – Pod-Editora,Rj.2011.

Chesbrough, Henry. Open Innovation: The New Imperative For Creating And Profiting From Technology, Boston: Harvard Business School Press, 2003

Christensen, Clayton M. E Raynor, Michael E, The Innovator S Solution; O Crescimento pela Inovação: Como Crescer de Forma Sustentada e Reinventar o Sucesso. Tradução de Serra, Afonso C.C Elsevier Rj - 2003.

Cooper, Robert K. Inteligência Emocional na Empresa. Rio De Janeiro, Campus, 1997.

Da Silva, Débora Oliveira, Raoni Barros Bagnob, Mario Sergio Salernoc; Modelos para a Gestão da Inovação: Revisão e Análise da Literatura; Usp, Brasilproduction, V. 24, N. 2, P. 477-490, Apr./June 2014 Doi: Http://Dx.Doi.Org/10.1590/S0103-65132013005000059

Daldegan, Hélio. “A Longa Distância, Os Celulares e a Embratel”. Valor Econômico, Rio De Janeiro. 10 Julho 2002.

Dalfovo, O; Amorim,N.S.- Quem tem Informação é mais Competitivo. Ed. Acadêmica S.C.- 2000

De Marco, Tom. Controle de Projetos de Software, Ed. Campus.1996.

Degen, R., O Empreendedor – Fundamentos da Iniciativa Empresarial, Mcgraw-Hill, São Paulo, 1989.

Druker, P.F., Administrando para o Futuro: Os Anos 90 e a Virada do Século, Livraria Pioneira, 2ª Edição, São Paulo, 1992.

Druker, P.F., Inovação e Espírito Empreendedor, Editora Pioneira, 2ª Edição, São Paulo,1987.

Filion, L. J., Vision Et Relacions –Clefs Du Succès De L'enterpreneur, Les Éditions De L'enterpreneur, 1991.

Filion, L.J., O Planejamento do seu Sistema de Aprendizagem Empresarial: Identifique uma Visão e Avalie o seu Sistema de Relações – Revista de Administração de Empresas, Fgv, S P, Jul/Set.1991, Pag. 31 (3): 63-71.

Filion, L.J., Visão e Relações: Elementos para um Metamodelo da Atividade Empreendedora – International Small Business Journal, 1991 – Tradução de Costa, S.R.

Gerber, M.E., O Mito da Empreendedor, Editora Saraiva, 3ª Edição, São Paulo, 1992.

Gomes de Matos, Francisco. Revista Decidir – Ano Iv, Nº38.1998.

Gomes de Mattos, Francisco. A Empresa com Alma, Makron Books, 2000.

Gustav, B., O Empreendedor do Verde, Makron, Mcgraw-Hill, São Paulo, 1992.

Harvard Business Review, Small Ventures: Tactics And Strategics – "Svts".

Harvard Business Review, Trials And Rewards Of The Entrepreneur (A.K.A.) "Tre".

Https://Www.Oconsultorempatentes.Com/Post-Unico/Quais-Paises-Depositam-Mais-Patentes- No Mundo . Último Acesso Em 04/02/2020.14;28.

Ibm. Seminário E - Business - São Paulo - 1997.

Inpi, Legislação – 2003 – www.Inpi.Gov.Br.

Kuhn,Thomas. S.A, Estrutura das Revoluções Científicas. Perspectiva. Sp. 94.

Lei de Inovação 2016.

Levi, Pierre. Inteligência Coletiva – Por uma Antropologia do Ciberespaço

Lucena, José Waldecy. Das Sociedades Limitadas . 5a. Ed. Renovar. 2003.

Lucena, Maria Diva S. Avaliação de Desempenho, Ed. Atlas.1992.

Matos, Francisco Gomes de. Empresa com Alma. Sp, Makron Books, 2000.

Matos, Francisco Gomes de. Empresa Feliz. Sp. Makron Books, 1996.

Mckenna. Marketing de Relacionamento, Ed. Campus.1998.

Minto, Bárbara. O Princípio da Pirâmide. São Paulo, Makron Books, 1991.

Modelo De Estratégia de Inovação -Uerj - 2014 www.Sr2.Uerj.Br/Inovuerj

Pinchot, G., Intrapreneuring, Editora Harba, São Paulo, 1989.

Popcorn, Faith. O Relatório Popcorn - Centenas de Ideais de Novos Produtos, Empreendimentos e Novos Mercados - Editora Campus -Rio De Janeiro - 1993.

Porter, M.E., Vantagem Competitiva, Editora Campus, Rio de Janeiro, 1990.

Relatório da Thomson-Reuters Compara Produção Acadêmica e Investimento em Inovação de Brasil, China, Rússia, Índia e Coreia do Sul, 2013.

Schumacher, E.F., O Negócio e Ser Pequeno, Zahar Editora, 4ª Edição, Rio de Janeiro, 1983.

Senge, P.M., A Quinta Disciplina, Editora Best Seller, São Paulo, 1990.

Timmons, J.A., New Venture Creation, Homewood Il:Irwin, 2001.

Viana da Silva, Marcos Vinicius, José Everton da Silva; A Organização Mundial da Propriedade Intelectual e a Necessidade de Adoção Transnacional de Medidas para Promoção das Patentes Verdes Revista de Direito, Inovação, Propriedade Intelectual eE Concorrência; Doi: Http://Dx.Doi.Org/10.21902/25260014/2016. V2i2.1529, 2016

Capítulo 3

Hackathon: Case Estratégico no Desenvolvimento de Novas Competências

3.1 Introdução

Em todas as áreas do conhecimento, novos paradigmas, métodos e técnicas estão sendo implementados e incorporados às atividades profissionais.

A educação, atividade básica de relevância na formação do cidadão profissional, não poderia deixar de estudar, pesquisar e apresentar novas metodologias de avaliação e desenvolvimento de competências.

As metodologias tradicionais, de aprendizagem e avaliação, priorizam o conteúdo e suas disciplinas em detrimento do aprendiz e suas vocações, necessidades e interesses.

No entendimento de que o desenvolvimento do ser, como pessoa, cidadão e profissional tem caráter maior que a tarefa de transmitir informação, estabelece-se uma proposta de caráter inovador e transdisciplinar, priorizando as pessoas em formação, seus talentos e habilidades de forma a serem desenvolvidas e aplicadas para o bem comum e social.

Com esta visão, novos procedimentos, sejam eles de aprendizagem ou avaliação, estão sendo realizados e apresentam resultados de grande monta, que não somente servem para confirmar e trazer ao conhecimento talentos escondidos, e soluções inovadoras, bem como permitir ao corpo docente a expectativa de novas realizações com a devida correção de rumos e ampliação de fronteiras, tanto no conteúdo, na formatação e na parceria com instituições, sociedade e governo para a concretização e implantação das soluções dos projetos desenvolvidos.

Como estratégia inovadora de aprendizagem com desenvolvimento de novas competências, o processo dinâmico de desafios traz um efervescente resultado nas atividades, nas pessoas e no resultado. Pode-se comprovar de forma crescente o interesse por dinâmicas desta natureza claramente disseminada no Brasil e no mundo. O Projeto de Escola Inovadora realizado pela Secretaria de Estado de Ciência, Tecnologia e Inovação do Rio de janeiro – SECTI com suas parceiras - UERJ, FAETEC e CECIERJ utilizando a dinâmica de desafio no formato Hackathon imprimiu a semente da Inovação e o desenvolvimento de novos processos de solução de problemas. Com três edições, em tamanhos, espaços e localidades diferentes criou um excelente momento de desenvolvimento e identificação de cenários e melhorias estratégias, além, é claro, de trazer soluções criadas e propostas pela própria comunidade.

3.2 Metodologia

A Missão do um novo processo de Aprendizagem e Avaliação é validar a formação de profissionais – cidadãos com condições de intervir no processo de desenvolvimento humano e social como agentes de transformação. Neste sentido o objetivo pedagógico desta atividade é, seguindo as diretrizes da Unesco, 2001, contribuir e conferir se o aluno está em condições de:

- aprender a aprender
- aprender a ser
- aprender a fazer
- aprender a viver em comunidade.

O desenvolvimento de competências, considerando a conceituação de que competências (Boclin, 2001) é a movimentação de seus elementos, quais sejam: os conhecimentos adquiridos, as habilidades técnicas/específicas e as atitudes comportamentais, aditado pelo conceito de Moretto, 2013,

***Competência* é "A mobilidade de 5 conceitos:**

Conhecimentos, Linguagem, Habilidade de saber fazer, Valores culturais e Emoções".

Isto posto, pode-se considerar que, igualmente importante a desenvolver, além das habilidades técnicas em Informática e Tecnologia, é desenvolver o espírito crítico, a curiosidade pela pesquisa, a visão de futuro, a rede de relações, a flexibilidade para mudanças, a postura profissional, ética e moral.

O modelo de aprendizagem e avaliação por projetos (Bender, 2014), apresenta uma metodologia de definição e desenvolvimento de projetos durante todo o curso, onde as disciplinas e seu conteúdo curricular passam a ser insumos para a realização destes projetos realizados em etapas. A avaliação de aprendizagem se dá na medida em que os resultados são apresentados. A metodologia de aprendizagem inclui processos de dinâmicas, oficinas, laboratórios, desafios e principalmente o trabalho em equipe e imprime uma realidade nova de negociação e defesa de resultados com oratória para exposição rápida do projeto e sua solução.

O novo papel do professor, orientador, coordenador, líder de equipe e mentor.

Os líderes deste novo processo de aprendizagem e avaliação, os professores, se dividem em duas vertentes:

- professores especialistas (mentores de conteúdo)- objetivam a visão específica do objeto em estudo;
- professores orientadores de projeto (líder de equipe) – (de construção) – objetivam a visão do todo, integração, correlação com o ambiente, resultados e aplicação.

Os alunos fazem suas opções de áreas temáticas, buscam desafios/problemas, formam as equipes de projeto e sob a liderança do professor de projeto e em conjunto com o professor de conteúdo específico do tema abordado, definem o escopo, (no todo ou em partes), cronograma e plano de ação, na primeira fase e a seguir, na segunda fase realizam o planejamento elaborado, certamente, considerando as possíveis correções de rumo.

3.3 Sistemática Operacional no processo de Aprendizagem por Projetos.

Sistemática Operacional de desenvolvimento e apresentação, no processo de aprendizagem por Projetos, quer em curso ou disciplina, com carga horária específica ou em modelo de desafio ou maratona com carga horária reduzida, variando de 20 a 72 horas.

O desenvolvimento é realizado em três fases, com atores e papéis distintos:

1. Primeira fase: planejamento e definição de Escopo do Projeto com identificação do problema, solução e seu plano de Trabalho – entrega em data marcada.

   Nesta fase os alunos desenvolverão a ideia do projeto (problema e solução), trabalhando em equipe, redigindo um documento e aprendendo com os insumos conceituais do material específico das disciplinas. Na conclusão desta fase deverá ser apresentando um plano de trabalho e o escopo do projeto, em data marcada.

a. Função do Professor Orientador (Líder de equipe), nesta fase:

- estímulo e orientação quanto à importância da escolha da área, busca de solução de problema em confluência com seu projeto profissional e de vida;
- apresentação do conteúdo em:
  - tópicos básicos – conceitos e teorias necessárias ao desenvolvimento técnico e/ou social e
  - tópicos ferramentais - para aplicação prática no desenvolvimento dos projetos.
- durante esta fase, o professor deverá iniciar seu conteúdo com a visão conceitual e teórica, enquanto as equipes se formam e definem seus projetos.
- Reunião com os alunos de sua área temática para:
- Definição das equipes;
- Escopo dos projetos;
- Cronograma e plano de ação.
- Etapas a serem cumpridas e esquema de acompanhamento e monitoramento.

As definições para o Projeto deverão seguir a metodologia do trabalho em equipe:

- Os alunos deverão definir e apresentar ideias de projeto para discussão e escolha entre os participantes do grupo;
- Descrição do tema do Projeto e seus objetivos;
- Área de aplicação;
- Etapas do projeto (essas etapas poderão ser vistas como Subprojetos a serem desenvolvidos em etapas);

- Cronograma de atividades;

- Responsável por cada atividade em cada etapa do projeto.
- Definição clara do produto final a ser entregue no fim, para apreciação, que poderá ser teórico ou implementado (apresentado oralmente pelo grupo), com inicio, meio e fim bem definidos.

Esta etapa deverá produzir um documento sintético com o escopo do projeto e seu plano de trabalho para a próxima fase.

b. Função dos Alunos:

- Nesta fase, caberá aos alunos a pesquisa interior de seus desejos e projetos futuros para a geração de ideias de projetos que venham a suscitar o desenvolvimento de suas competências na execução das atividades propostas por cada projeto.
- Caberá também a disciplina do trabalho em equipe, o estudo por conteúdos específicos e o planejamento de cada etapa e atividade.
- Análise e escolha de área do projeto (problema e solução). Ressalta-se a proposta de desafios. Neste caso, cabe a Inscrição junto ao Propositor do Desafio, nas áreas temáticas apresentadas pelo Propositor (Instituição que ofereça propostas de desafios de soluções de problemas).

2. <u>Segunda fase</u>: execução do projeto

Na conclusão desta fase, os alunos estarão apresentando o Projeto realizado e seu documento final, resultados e conclusões.

Entrega em data marcada.

a. Função do Professor orientador (líder de equipe) de projeto, nesta fase:

Reunião periódica com os alunos de sua área temática para:

- acompanhamento dos projetos;
- orientação às equipes;
- verificação das etapas em acordo com o cronograma;

- validação das etapas em acordo com o escopo dos projetos;

Esta etapa deverá produzir o documento final para apresentação oral e aprovação final do projeto.

b. Função do Professor de conteúdo (mentor e especialista no tema):

- Nesta fase, o professor de conteúdo específico, para a solução do problema, em paralelo e integrado com o professor de projeto, deverá proceder a apresentação do conteúdo, de modo a permitir utilizá-lo, no contexto do projeto em realização por parte dos alunos, com estratégia de acompanhamento, avaliação e correções quando necessário.

c. Função dos Alunos:

- Nesta fase caberá aos alunos a execução das atividades definidas no planejamento, no estudo e pesquisa dos conteúdos apresentados de modo a serem utilizados devida e corretamente no desenvolvimento dos projetos.

- Caberá também a disciplina do trabalho em equipe, o estudo por conteúdos específicos e o cumprimento do plano estabelecido para cada etapa e atividade.

3. Terceira fase: apresentação e conceituaçã do projeto

Em data marcada serão feitas as apresentações dos projetos, com exposição oral (PITCH) pelo grupo de alunos participantes, sobre o desenvolvimento e conclusão dos trabalhos realizados, e seus resultados para a conceituação final.

Vale conceituar que esta metodologia deve ser adequada aos ditames do objeto de aprendizagem, seja um curso, uma disciplina, um único problema, através de desafios ou maratonas (Hackathon), ou outro modelo similar.

Em resumo, temos que o modelo de aprendizagem mais inovador permite o desenvolvimento de Competências e o desafio para gerar soluções inovadoras para problemas novos e/ou antigos.

Case Hackathon

3.4 O Planejamento e o Modelo

Com Edições realizadas e planejadas, no CASE em referência, foram realizadas duas edições, com a terceira já planejada.

Professores com duas atividades: líder de projeto e mentoria.

Nestas edições a área de desenvolvimento específico foi Inovação Tecnológica, com o desenvolvimento de soluções através de aplicativos computacionais. Os modelos de Hackathon podem variar. Reiterando que se trata de um processo de desafio, na busca de soluções de problemas apresentados e estudados. No case de desenvolvimento de aplicativos podemos ter somente a modelagem do projeto de aplicativo e outro chegar a programação e implementação completa do aplicativo.

3.5 Etapas de cada Hackathon planejado

1. Capacitação da metodologia de desenvolvimento do projeto.
2. Apresentação do problema com a localidade participante.
3. Formação das equipes e professor líder.
4. Desenvolvimento do Projeto com acompanhamento pelos professores líderes e professores mentores.
5. Apresentação do Pitch com a solução proposta para a Banca de premiação.

3.6 Atores e Papéis

Na Função do professor líder de Projeto a missão é fazer a gestão de todo o processo de elaboração, apresentação e avaliação do projeto com preparação do PITCH para a Banca Avaliadora.

Na Função do professor mentor a missão é fazer a orientação específica sobre o conteúdo, neste caso, a especificidade está em desenvolver aplicativos computacionais.

Assim, a proposta pode ser criada por pessoas sem conhecimento de computação, e caberá ao mentor, fazer a orientação ao máximo de competências que possa desenvolver nos participantes, em tão pouco tempo, considerando ser uma maratona.

Os participantes, em todo o processo deve ter o perfil de empreendedor, pois a expectativa é a busca de solução de um problema que afeta todo o grupo em questão. A habilidade mais relevante é a criatividade, determinação e desejo de realizar. O conteúdo específico pode ser adquirido e em muitos casos, a proposta de solução modelada é o mais importante. O aprendizado de fazer o PITCH é outra habilidade e competência desenvolvidas neste ambiente e alto valor agregado para todos os participantes, que se veem defendendo e negociando seus desejos e visões.

3.7 Avaliação dos Projetos

A Banca Avaliadora recebe as apresentações e as avalia segundo alguns critérios preestabelecidos pelo projeto.

Segundo a Metodologia A3, de Avaliação, foi definida uma única Dimensão que é o Problema Apresentado, a Categoria de Análise como a Proposta de Solução. Os Indicadores da Avaliação são cinco e cada um com cinco níveis de desempenho.

- **Indicador - Criatividade e Inovação**

Níveis de Desempenho

( ) 1- quando há proposta de geração de solução em problema identificado
( ) 2- quando há proposta de solução inovadora de problema identificado
( ) 3- quando há geração e aplicação de solução em problema identificado
( ) 4- quando há geração de solução inovadora de problema identificado
( ) 5- quando há geração e aplicação de solução inovadora de problema identificado

- **Indicador - Abrangência da solução proposta**

Níveis de Desempenho

( ) 1- quando há proposta de solução em um problema identificado e localizado

( ) 2- quando há proposta de solução inovadora de um problema identificado e localizado

( ) 3- quando há geração e aplicação de solução que atenda mais de um problema

( ) 4- quando há geração de solução inovadora de mais de um problema identificado

( ) 5- quando há geração e aplicação de solução inovadora de mais de um problema em mais localidades.

- **Indicador - Exequibilidade (facilidade de execução)**

Níveis de Desempenho

( ) 1- quando a proposta de solução não é inovadora, resolve um problema com alto custo e trabalho de realização

( ) 2- quando a proposta de solução é inovadora, resolve um problema com alto custo e trabalho de realização

( ) 3- quando a proposta de solução é inovadora, mas tem dificuldade de custo e trabalho de realização

( ) 4- quando a proposta de solução não é inovadora, mas resolve um problema com facilidade de realização

( ) 5- quando a proposta de solução inovadora tem condições normais de realização.

- **Indicador - Recursos necessários para viabilização da solução**

Níveis de Desempenho

( ) 1- quando a proposta de solução não é inovadora, resolve um problema mas com muita dificuldade de viabilidade

( ) 2- quando a proposta de solução é inovadora, resolve um problema, mas com muita dificuldade de viabilidade

( ) 3- quando a proposta de solução é inovadora, mas tem certa dificuldade de viabilidade

( ) 4- quando a proposta de solução não é inovadora, mas resolve um problema com facilidade de viabilidade

( ) 5- quando a proposta de solução inovadora tem condições normais de viabilidade.

- **Indicador - Clareza e objetividade na apresentação do pitch.**

Níveis de Desempenho

( ) 1- quando a apresentação é totalmente sem objetividade e de difícil compreensão
( ) 2- quando a apresentação é pouco clara e pouco objetiva
( ) 3- quando a apresentação é pouco clara, mas objetiva
( ) 4- quando a apresentação é clara, mas pouco objetiva
( ) 5- quando a apresentação é totalmente clara e objetiva

A Edição do 1º Hackathon

O **1º Hackathon** Escola Inovadora reuniu, durante os dias 1 e 2 de junho, 8 grupos de estudantes das Escolas Públicas do Ensino Médio do Estado do Rio de Janeiro, entre 14 e 18 anos, interessados no desenvolvimento de novas ideias e no uso de tecnologias relacionadas com os problemas das escolas do estado e, assim propor soluções inovadoras para solucionar a "dor" da escola pública.

- **O Problema e Stakeholders**

O problema identificado foi a comunicação entre os pais e a escola.

Os Stakeholders do Hackathon Escola Inovadora foram a Secretaria de Ciência, Tecnologia e Inovação (SECTI), em parceria com a Secretaria de Educação (SEEDUC) e com a Secretaria de Cultura e Economia Criativa (SECEC), com apoio da CECIERJ, FAETEC e UERJ, e reuniu em média 150 pessoas, entre alunos, professores, mentores, patrocinadores, equipes de apoio e comissão avaliadora.

- **O objetivo do Hackathon**

O objetivo foi fortalecer e incentivar a solução de problemas e empreendedorismo nos alunos da rede pública estadual com um olhar diferente do processo de ensino convencional: a educação pensada e construída, um novo processo de aprendizagem e desenvolvimento de Competências.

- **Escolas participantes:**

Unidade Escolar	Endereço	Bairro, Cidade
1. Colégio Estadual Professor João Borges de Moraes	Rua Doutor Teixeira Ribeiro – Complexo da Maré	Bonsucesso, Rio de Janeiro
2. Ciep 323 Maria Werneck de Castro	Estrada Pedro Borges de Freitas s/n	Irajá, Rio de Janeiro
3. Colégio Estadual Erich Walter Heine	Rua Manoel Lourenço dos Santos s/n	Santa Cruz, Rio de Janeiro
4. Colégio Estadual Hebe Camargo	Rua Belchior da Fonseca, 1025	Pedra de Guaratiba, Rio de Janeiro
5. Instituto de Educação Sarah Kubitschek	Av. Manoel Caldeira de Alvarenga, 1203	Campo Grande, Rio de Janeiro
6. Ciep 218 Ministro Hermes Lima Brasil – Turquia	Av. Rui Barbosa s/n	Jardim Gramacho, Duque de Caxias
7. Colégio Estadual José Leite Lopes (NAVE)	Rua Uruguai 204	Andaraí, Rio de Janeiro
8. Colégio Estadual Vicente Januzzi	Av. das Américas, 6120	Barra da Tijuca, Rio de Janeiro

- **Desenvolvimento do evento**

Capacitação:
Cada escola formou uma equipe com 6 (seis) participantes, sendo 5 (cinco) alunos e um professor mentor. Em seguida, as equipes inscritas no projeto fizeram uma capacitação de dois dias (18 e 25 de maio), de 9h as 17h, na UERJ, onde

aprenderam temáticas aplicáveis ao Hackathon, como modelagem de negócios e noções de design e apresentação.

Do evento:
Durante o evento, as equipes tiveram 2 (dois) dias para identificar o problema, formular propostas de soluções, desenhar as soluções segundo a Metodologia Canvas e elaborar a apresentação do PITCH para banca avaliadora.

Cada equipe teve apoio de 2 (dois) monitores de programação (alunos de graduação da UERJ) e de mentores seniores da UERJ, que transitavam pelos grupos.

Dinâmica do evento
Dia 01/06/2019
9h00 às 9h30 – Café da manhã e recepção.
9h30 às 10h00 – Mesa de abertura (solenidade) que será composta pelos secretários das respectivas secretarias organizadoras e pelo reitor da UERJ.
10h00 às 10h30 – Apresentação do Problema.
10h30 às 13h00 – Trabalho com os grupos.
13h00 às 14h00 – Almoço.
14h00 às 17h00 – Trabalho com os grupos.
17h00 – Lanche/ Encerramento.

Dia 02/06/2019
9h30 – Café da manhã.
10h00 às 13h00 – Trabalho com os grupos.
13h00 às 14h00 – Almoço.

Capela ecumênica:
14h00 às 16h00 – Apresentação Pitch (5 minutos por equipe).
16h00 às 16h30 – Apuração da banca e lanche dos alunos.
16h30 – 17h00 – Divulgação de resultado e premiação.

- **Avaliação e Resultados**

Os trabalhos desenvolvidos foram avaliados por uma banca composta por sete jurados das Instituições parceiras: Startup Rio, SEEDUC, CIEDS, UERJ, Fábrica de Startups, Rede D'or e FAPERJ.

As propostas foram avaliadas seguindo os indicadores apresentados de Criatividade e inovação; exequibilidade; clareza e objetividade na apresentação; abrangência da solução proposta e recursos necessários para viabilização. Classificação ordenada de acordo com o somatório de pontos:

Escola	**Total**	**Classificação final**
Colégio Estadual Hebe Camargo	154 pontos	1
CIEP 218 Ministro Hermes Lima Brasil Turquia	149 pontos	2
Colégio Estadual Erich Walter Heine	147 pontos	3
CIEP 323 Maria Werneck de Castro	144 pontos	4
Colégio Estadual Vicente Januzzi	142 pontos	5
Colégio Estadual José Leite Lopes (NAVE)	136 pontos	6
Colégio Estadual Professor João Borges de Moraes	129 pontos	7
Instituto de Educação Sara Kubischek	114 pontos	8

3.8 A Edição do 2º Hackathon - Escola Inovadora na Educação Empreendedora

O evento ocorreu nos dias 28 e 29 de setembro de 2019, no Museu da Ciência e da Vida, localizado na Rua Aílton da Costa, S/N - Jardim Vinte e Cinco de Agosto, Duque de Caxias - RJ e reuniu 10 (dez) equipes de estudantes de ensino médio e profissionalizante das unidades da FAETEC da Baixada Fluminense interessados no desenvolvimento de novas ideias e no uso de tecnologias a fim de resolver um problema dos municípios da Baixada Fluminense e, assim propor soluções inovadoras que possam ser implementadas em um horizonte próximo.

A Baixada Fluminense que abrange os municípios ao norte da cidade do Rio de Janeiro (Duque de Caxias, Nova Iguaçu, São João de Meriti, Nilópolis, Belford Roxo, Queimados, Magé, Guapimirim, Paracambi e Mesquita) é a segunda região do Estado mais populosa, com mais de três milhões de habitantes e dentre os inúmeros problemas identificados na Baixada foi selecionado um problema e neste sentido, desenvolver a capacidade Empreendedora dos participantes na busca e desenho de uma solução inovadora.

- **O Problema e Stakeholders**

O 2º Hackathon Escola Inovadora teve como Stakeholders a Secretaria de Estado de Ciência, Tecnologia e Inovação (SECTI), em parceria com suas vinculadas: Universidade do Estado do Rio de Janeiro (UERJ), Fundação de Amparo à Pesquisa do Estado do Rio de Janeiro (FAPERJ), Fundação de Apoio à Escola Técnica (FAETEC), Fundação Centro de Ciências e Educação Superior à Distância do Estado do Rio de Janeiro (CECIERJ/ Consórcio CEDERJ), e Secretaria de Estado de Cultura e Economia Criativa (SECEC), Startup Rio e o RJ Criativo.

O Problema selecionado foi Geração de Emprego e Renda para os municípios da baixada fluminense.

- **O Objetivo do Hackathon**

Desenvolver soluções tecnológicas para um problema da Baixada Fluminense que foi selecionada pela Comissão Organizadora, com especial foco na sociedade e cidade onde vivem os estudantes e, em consequência fortalecer e incentivar o empreendedorismo e a educação participativa nos estudantes da rede FAETEC/ Baixada com um olhar diferente do processo de ensino convencional: a educação pensada e construída, um novo processo de aprendizagem e desenvolvimento de Competências.

- **Escolas participantes**

As Escolas Técnicas Estaduais - ETE selecionados pela FAETEC para participar do treinamento e da maratona, conforme listado abaixo:

1. ETE Maria Mercedes Mendes Teixeira
2. ETE Adolpho Bloch
3. ETE Ferreira Viana
4. ETE Juscelino Kubitschek
5. ETE Oscar Tenório

6. ETE Santa Cruz
7. ETE de Transporte Engenheiro Silva Freire
8. ETE Imbariê
9. ISERJ
10. ETE João Luiz do Nascimento

- **Desenvolvimento do evento**

O evento foi constituído de duas fases (treinamento e maratona) e regido pelo Regulamento Hackathon Escola Inovadora e seus Anexos.

A primeira fase consistiu na etapa de treinamento/capacitação com o objetivo de nivelar o conhecimento das metodologias a serem utilizadas na segunda fase do evento.

A segunda fase consistiu na maratona, com a apresentação do problema selecionado nesta edição, até a apresentação do pitch, que de forma oral, com tempo determinado e com a ajuda de slides tem como objetivo despertar o interesse da Comissão Julgadora pela sua solução tecnológica, conforme cronograma a ser divulgado.

Foram realizadas visitas técnicas aos locais:
Para a etapa de treinamento – visita às instalações do Tribunal Regional do Trabalho TRT 1ª. Região Av. Presidente Antônio Carlos, 251 - Centro - Rio de Janeiro;

Para a etapa da maratona – visita às instalações do Museu da Ciência e da Vida, localizado na Rua Aílton da Costa, S/N - Jardim Vinte e Cinco de Agosto, Duque de Caxias – RJ para a realização do evento.

- **Avaliação e Resultados**

Ao final do evento foi enviada uma avaliação online aos participantes. As médias das respostas, de acordo com o perfil dos participantes, estão na tabela a seguir.

Perfil do participante	Média de "Qual sua avaliação do Hackathon"(5 nota máxima e 1 nota mínima)
Aluno Escola	4,3
Mentor	5,0
Monitor	4,3
Professor Escola	4,4
Total Geral	4,3

Retirados da avaliação geral 7 comentários sobre o evento, de cada perfil de participante respondido:

Aluno Escola

- A experiência foi boa e não sei dizer onde poderia ser melhorado.
- Achei bem produtiva, pois aprendemos a desenvolver melhor e realizar trabalhos em equipe com mais eficiência.
- Achei o evento legal, Uma experiência nova!
- Achei super interessante, pois aprendemos muito sobre coisas que não são do nosso cotidiano.
- Conheci muitas pessoas novas e adquiri muito conhecimento.
- Entendendo como uma competição funciona, o pequeno prazo obrigou a pensarmos de forma rápida, inspiração ao ver grandes profissionais.

Professor Mentor

- Excelente.
- Uma ótima oportunidade para agregar novos conhecimentos e conhecer o novo perfil criativo dos alunos.
- Achei interessante, uma experiência nova e que vou levar para sempre como aprendizado. Espero participar de outros, futuramente!
- Bem diferente do que eu imaginava, gostei bastante da dinâmica e da solução do problema da nossa equipe, ambiente agradável, organizadores simpáticos, organização.
- Emocionante, gostei muito do ambiente e dos participantes, foi uma ótima experiência.

- Essa foi minha segunda participação na Escola Inovadora e meu quarto hackathon. Eu acho incrível a oportunidade que o evento dá aos alunos das escolas, mas acho que as regras do regulamento são muito restritivas quando comparadas aos regulamentos de hackatons profissionais como o Hacking Rio e o HackTudo.
- Experiência única, de grande aprendizado.

Professor Líder da Escola

- A experiência de trabalhar com alunos de ensino médio técnico de áreas de conhecimentos diferentes, foi importante para mudar alguns paradigmas criados dentro da escola, superação e vontade de vencer são palavras chaves dessa maratona.
- Foi muito interessante para mim e para os alunos. Porém, as informações, por vezes, ficaram desencontradas.
- Foi positiva, acredito que foi algo disruptivo para todos os alunos. Estão de Parabéns pelo evento. Tenho algumas críticas construtivas que, se for o caso, podem me procurar que terei prazer em contribuir.
- Foi uma experiência incrível. Adorei conhecer pessoas, adquirir conhecimentos e acompanhar meus alunos nesta jornada desafiadora.
- Muito estimulante e desafiador.
- Muitas trocas de ideias.
- Uma ótima oportunidade de trabalhar em equipe e desenvolver a criatividade.

3.9 A Edição do 3ª Hackathon Escola Inovadora

Projeto de Planejamento do HackRoc - Hackathon Escola Inovadora na Rocinha, que teve sua data de realização adiada devido a Pandemia do Coronavírus.

Nesta edição, as equipes deverão desenvolver protótipos, softwares, aplicativos e quaisquer outras soluções inovadoras e tecnológicas para resolver um problema do dia a dia da comunidade onde vivem e que será levantada junto às associações de moradores locais. Será um esforço conjunto da comunidade e do Estado para trazer benefícios reais aos moradores e cidadãos do Estado do Rio de Janeiro.

O HackRoc ocorrerá em duas etapas. A etapa de treinamento ocorrerá nos dias 7 e 14 de março de 2020, e a maratona de programação nos dias 21 e 22 de março de 2020. Todas as atividades serão realizadas no polo do CECIERJ na Rocinha, Rua Bertha Lutz, 85, São Conrado.

- **O Problema de Stakeholders**

O problema seria identificado no dia 17 de março de 2020 em reunião dos Stakeholders e as associações da Comunidade da Rocinha.

Os Stakeholders do HackRoc são a Secretaria de Ciência, Tecnologia e Inovação (SECTI), em parceria com a Secretaria de Educação (SEEDUC) e com a Secretaria de Cultura e Economia Criativa (SECEC), com apoio da CECIERJ, FAETEC e UERJ, com alunos, professores, mentores, patrocinadores, equipes de apoio e comissão avaliadora.

- **O objetivo do HackRoc**

Desenvolver protótipos, softwares, aplicativos ou quaisquer outras soluções inovadoras para resolver um problema, baseado nas demandas levantadas junto à Comunidade da Rocinha, situado na cidade e Estado do Rio de Janeiro.

- **Participantes**

As equipes serão formadas da seguinte maneira:

a. Estudantes: jovens de 13 a 17 anos, moradores da Comunidade da Rocinha;
b. Estudantes de escola técnica: das escolas da FAETEC que já participaram das edições anteriores e irão compor as equipes como monitores juniores junto aos demais estudantes;
c. Alunos da UERJ que já participaram das edições anteriores e que também irão se juntar às equipes como monitores.

As equipes terão um professor Líder, responsável e também contarão com Professor de Conteúdo, mentorias específicas ao longo do evento, conforme abaixo:

a. Professores Líderes: serão os responsáveis pela equipe, e vinculados às escolas da FAETEC e à UERJ.
b. Professores de Conteúdo - Mentores: professores da FAETEC e UERJ, bem como integrantes do Programa Startup Rio.

- Desenvolvimento do evento

Capacitação

Com o objetivo de apoiar estudantes e professores a participarem do 3º Hackathon Escola Inovadora, esta capacitação de dois dias apresenta novos modelos de pensamento e uma série de ferramentas que propiciam o máximo de aproveitamento, no processo de aprendizagem e desenvolvimento de novas habilidades e competências.

O primeiro dia de capacitação foi desenvolvido para ampliar o entendimento do que é um hackathon e o que é inovação, e serão abordados assuntos como: por que inovar é importante e necessário; o que está sendo feito em outras escolas e países do mundo; técnicas para priorizar e definir metas de trabalho.

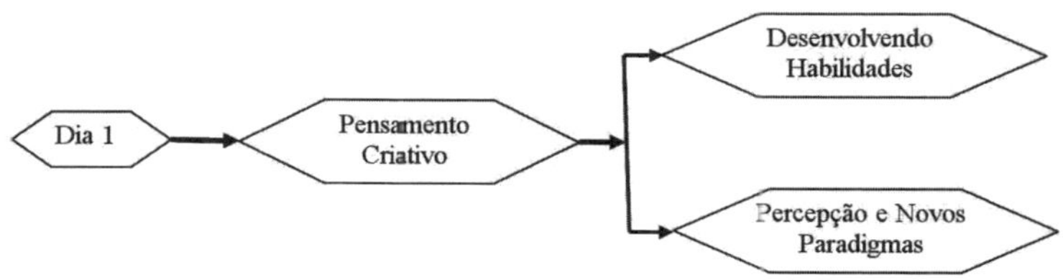

Figura 1 – Programação do primeiro dia de treinamento.

O segundo dia de capacitação é voltado para transformar ideias em protótipos e soluções reais. Visa conhecer e praticar as principais dinâmicas e gambiarras hackers usadas em hackathons no Brasil e no Mundo.

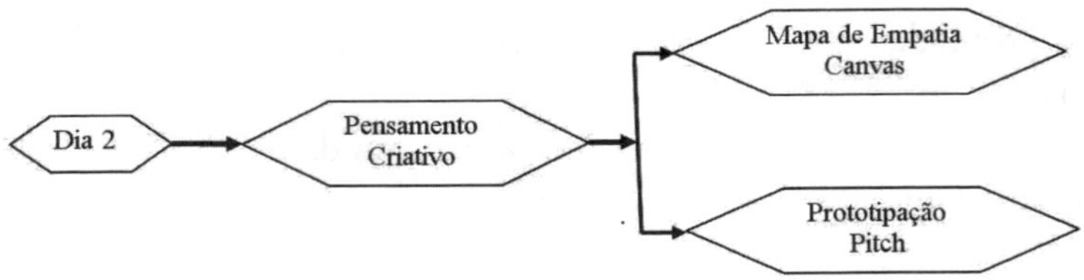

Figura 2 – Programação do segundo dia de treinamento.

Dinâmica do evento de Maratona

Dia 21 de março de 2020

9h – Welcome Coffee e Credenciamento

10h – Abertura oficial com palestra motivacional e apresentação do problema ser estudado e desenvolvido.

11h – Formação das equipes, organização nas estações de trabalho.

13h – desenvolvimento

18h – Encerramento das atividades do 1º dia.

Dia 22 de março de 2020 – domingo

8h30 – Café da manhã

9h – Início dos trabalhos

13h – Almoço

14h- Entrega da solução para o problema

14h30- Apresentação *Pitch* (máximo de 03 minutos para cada equipe).

16h30 – Cerimônia para divulgação do resultado e premiação.

18h – Encerramento.

- **Avaliação e Resultados**

Serão aplicados o mesmo modelo e questões que nas edições anteriores.

1. Conclusão

O processo de aprendizagem por Projetos e modelos Inovadores vem se comprovando com excelentes resultados desde o século XX. A maior questão está nas mudanças que estes modelos exigem com a abertura para ideias antes nem pensadas ou por vezes consideradas erradas e mesmo absurdas. A inovação com pensamento diverso e dialogando com o diferente é muito difícil e complexo para pessoas e organizações. Ainda haverá uma longa jornada para que as metodologias cheguem aos currículos e legislações. Mas, também haverá muitos resultados e modelos comprovando que, sim, poder-se-á ter uma aprendizagem inovadora, com processos diversos e adequados a cada realidade de pessoas, localidades e organizações.

3.10 Referências

Carvalho, MB. A3. Metodologia de Avaliação e Construção de Indicadores. Ciência Moderna. RJ. 2009

Boclin.R. Conversando sobre educação, Editora. Abe, RJ. 2001

Bender,W. Aprendizagem Baseada em Projetos: Educação Diferenciada para o Século XXI. Editora Penso. Porto Alegre. 2014

Carvalho, m.b; Ritto,a.c.a.,dias,j.c.v.: Gestão da Inovação nas ICT's – pod--editora,RJ. 2011.

Timmons, J.A., New Venture Creation, Homewood Il:Irwin. 2001

Capítulo 4
Compliance e Ética em Tempos de Trabalho em Redes

4.1 Introdução

Estamos vivendo um tempo intenso em conhecimento como fonte de riqueza e um processo crescente de comunicação e intercomunicação individual, social e econômica. Culturas diferentes se encontram em vários espaços de produção, de tomada de decisão e de realização de trocas de várias ordens, seja no campo político, social, econômico com influência no cotidiano das pessoas através das inúmeras manifestações das redes sociais.

A economia está intensamente baseada em conhecimento e inovação tecnológica determinando, entre muitas outras coisas, educação continuada, ou mais propriamente, aprendizado continuado, permanente.

A era do conhecimento cogita tecnologia, mas está voltada para as pessoas, fonte geradora do conhecimento e base fundamental de suas melhores utilizações. Anteontem a luta era pela terra, ontem pelos meios de produção, hoje importa acesso à informação, a conhecimento e muita colaboração.

É preciso energia intelectual substancial e constante para tratar dos impactos decorrentes das transformações provocadas pela automação acentuada, pela inteligência artificial e para a incorporação dos poderes de tecnologias como Computação em Nuvem, Bigd Data, Robótica, Realidade Aumentada, Internet das Coisas, Impressão 3D, Redes Neurais, Inteligência Artificial, dentre outras. Que novas competências precisam ser desenvolvidas? Que novos conceitos de serviços terão que ser lançados? Que novos programas de desenvolvimento? Como conviver com a uberização - trabalho sob demanda? Que iniciativas de regulamentação em curto e longo prazos? Que novos comportamentos? Que novos Princípios Éticos?

Intensificam-se as relações entre as pessoas e aumenta a necessidade de especificações de conformidade, Compliance, cada vez mais detalhadas e formalmente aprovadas pelos agentes, para que seja viabilizado o trabalho através dos canais de suprimentos envolvendo múltiplas parcerias nos processos horizontais de produção fragmentada em redes com elevado grau de automação.

O Objetivo deste texto é apresentar e discutir os conceitos e os formatos que norteiam e acomodam os agentes que atuam nas redes de produção e os acordos que podem viabilizar estas redes, sua natureza, seu objeto, de forma a possibilitar autonomia e integração nos processos compartilhados de produção. Que novos níveis de consciência e de ética precisam estar envolvidos para conciliar os diversos agentes e a participação de cada um nos ambientes de colaboração e nas linhas de produção onde estão inseridos, nas quais trabalham colaborativamente, percebem problemas e oportunidades e tomam decisões?

A Hipótese trabalhada é que os instrumentos da tecnologia desafiam as pessoas e as organizações diante de novas formas de relação com o mundo, com emergentes conhecimentos e com inserção em processos de produção compartilhada. São necessárias novas visões e novos comportamentos, formalização de novas conformidades, com quebra de paradigmas, para viabilizar processos de produção compartilhada, em rede, em novos contextos éticos.

4.2 O Mundo das Redes

Instituições antes definidas pela organização física dos seus recursos se transformam em flexíveis conexões cooperativas. Práticas novas emergem dos novos formatos de relacionamento no âmbito das organizações públicas e privadas num tempo de globalização agressiva, redes sociais de toda ordem, penetrantes na intimidade, ocasionando mudanças rápidas nos negócios e nas relações.

A organização em redes tem o potencial de gerar isolamentos, mas também possibilita novas formas de organização, independente do espaço e do contato físico entre as pessoas no desenvolvimento de objetivos. Novas regras e bases contratuais que regem as relações do trabalho, os processos da produção, as normas jurídicas da produção horizontalizada, globalizada e em rede.

As redes simples de computadores evoluíram rapidamente para uma rede de redes. Agora a rede é de funções, uma rede que conserta atividades que em conjunto produz um mundo novo num ambiente virtual eletrônico de produção.

Ambiente eletrônico de produção é a integração de uma rede de atores mediada pela tecnologia. A tecnologia é apenas um meio, um facilitador. O potencial está na sinergia que possa emergir da relação entre os atores da rede de valor. Os alavancadores da auto-organização são comportamentais, habilidades sociais, tolerância ao erro, atitude crítica à experiência, valorização da investigação, delegação, autonomia pessoal, isso tudo em tempo real.

Tudo muito fragmentado dependente de competências integradoras.

4.3 Fragmentação no Campo da Pessoa

As predisposições do ambiente tecnológico fortemente apoiado nas redes favorecem e aceleram transformações técnicas, econômicas e comportamentais que propiciam a emergência das Redes Sociais.

Os recursos computacionais têm extensa capilaridade alcançando, através das redes, todos os espaços; invade as empresas e as residências e habita corpos humanos em diversas modalidades de controle e superação de enfermidades.

Assiste-se a uma difusão em larga escala de dispositivos móveis atravessando, inovando e inaugurando novos processos e novas relações, sepultando antigas formas de registro e de comunicação. A conectividade é quase total e o mundo parece estar na palma da mão através de equipamentos cada vez mais poderosos.

Há uma acentuada redução dos custos de instrumentos de tecnologia da informação ao lado do crescimento de suas capacidades.

Estas novas capacidades sustentam uma globalização cada vez mais intensa proporcionando a cada caso e a cada momento identificação e contratação de serviços inteiramente pelas redes; desde a pesquisa por fornecedor, acerto de contratos, pagamentos, recebimento de produtos e serviços, até as avaliações de todos os atores interatuantes em tempo quase real de forma fácil, rápida e deixando acesso para todos os envolvidos de todos os dados de todos os processos.

Neste contexto assistimos a uma comoditização de bens materiais e uma importância crescente dos aspectos imateriais dos bens e do trabalho – conhecimento, percepção, relacionamento, sensação de pertinência.

Por outro lado, e com conotações negativas, constata-se a dissolução das formas estáveis de relacionamento entre empresas e entre pessoas; tudo se resolve caso a caso com lógica de mercado e afastado das relações humanas, com todos buscando espaços de inserção. Percebe-se permanentemente um remix cultural – mistura constante – estruturação e reestruturação.

Algumas consequências podem ser observadas:

- Fragmentação da atenção
- Emergência das nano audiências – longtail
- Consumidores informados, opinativos e engajados
- Software como serviço em beta permanente – usuário colabora com elaboração do produto que nunca está completo, pronto.

Nas Redes Sociais percebe-se fragmentação no Campo da Pessoa; a participação intensa, grande potencial de relacionamento, mas com tendência à superficialidade, fragmentação, má informação. As redes sociais possibilitam relacionamentos horizontais, não hierárquicos entre os participantes, mas a liberdade enseja coisa boa e coisa ruim.

As fakenews se propagam com o perverso poder de enganar as pessoas, influenciar decisões e causar desinformação, podendo devastar reputações e, nestes casos, a massificação do acesso às redes ameaça, tanto a melhoria do conhecimento, quanto uma melhor formação humana.

Avançamos muito rapidamente do **e** (electronic) ao **m** (mobile)

A disponibilidade de dispositivos com funcionalidades avançadas tais como - computação quântica, computação em nuvem, redes de longo alcance e alta velocidade, biotecnologia e inteligência, realidade aumentada, realidade virtual, bigdata, inteligência artificial etc. proporcionam plataformas e sistemas operacionais sofisticados com permanente crescimento de velocidade e capacidade das comunicações sem fio, compondo um cenário explosivo do número de novas aplicações.

Todo este quadro tecnológico estabelece um ambiente de uso que constrói a inédita, confortável e crescente sensação do Mundo na Palma da Mão:

- Acesso às pessoas
- Acesso a dados
- Redes Sociais
- Compras e Pagamentos
- Serviço de Localização
- Interações com o mundo real
- Ecossistema de Mídia
- Jogos
- Feedback Pessoal
- Usabilidade e Design

4.4 Cidadania Digital e Fake News

Notícias falsas sempre existiram. A novidade é sua intensa e rápida propagação através das redes sociais.

Deve-se reconhecer que há uma ampliação do espaço democrático através das Redes Sociais: possibilitam esclarecimento e participação mais intensa das pessoas em questões de interesse coletivo. A Cidadania Digital é uma realidade, mas carece de adequações e de muita evolução no campo comportamental, além de, sobretudo, no campo jurídico, ético.

Espaço novo, com manifestações centradas em instrumentos tecnológicos, com comportamentos não capturados e não tratados pelo aparato legal, as redes sociais carecem de regras e normas que apoiem o conjunto das vantagens que traz e consiga limitar os danos que pode causar, que potencialmente também são muitos.

Há várias dimensões a serem tratadas. A maioria delas ainda carentes de entendimento e de formulação de propostas viáveis para soluções; O que estimular? O que limitar? O que reprimir? O que condenar?

- Há dificuldades em garantir acesso para todos aos novos espaços de socialização
- Há um longo caminho a percorrer para que grande parte da população utilize com maturidade as novas possiblidades de uma Cidadania Digital
- Há necessidade de princípios legais
- Há necessidade de absorção do que seja uma nova cultura baseada em redes sociais com todas as suas possibilidades de manifestação
- Há necessidade sobretudo de educação e ampliação da consciência

Mas, a Cidadania Digital prevalecerá. Marcos jurídicos têm sido sugeridos e formalmente aprovados, inclusive na ONU, com o objetivo de estabelecer princípios, garantias, direitos e deveres no mundo digital. Se os avanços da tecnologia da informação e das comunicações podem ameaçar e violar direitos, também têm a potencialidade de promover e fortalecer direitos.

Mas no bojo dos grandes problemas germinam suas soluções.

Na rede tudo começa a ser avaliado. Produtores, fornecedores, comerciantes, clientes, cada transação, a cada troca, os agentes interatuantes se avaliam mutuamente.

Grandes Lojas (Lojas Americanas, por exemplo), Portais de transação (Airbnb, por exemplo) praticam avaliação de todo tipo, disponíveis on-line em tempo real para quem quiser conhecer. Antes de uma compra, de uma contratação, o internauta pode conhecer as performances dos agentes a partir da opinião dos antigos compradores e contratantes; COMPLIANCE?

4.5 Transtorno Digital

O Portal Brasil Escola (Brasil Escola, 2018) ensina que dependência digital é a busca incessante pela utilização da internet que age de forma semelhante à dependência química, pois ocorre como consequência do uso prolongado da internet que, por sua vez, proporciona prazer físico à pessoa. Tal prazer está relacionado a fatos e reações simples como downloads, interatividades, e-mails, que em contato direto com o organismo originam descargas elétricas entre os neurônios através da dopamina.

Nomofobia é uma palavra para definir este tipo de fenômeno: "Nomofobia é a fobia causada pelo desconforto ou angústia resultante da incapacidade de acesso à comunicação através de aparelhos celulares ou computadores. Surge quando alguém se vê sem comunicação estando em algum lugar sem um aparelho celular ou qualquer outro mobile ou dispositivo com internet, ou quando presentes, estes falham por motivos diversos. É um termo muito recente, que tem origem nos diminutivos ingleses No-Mo, ou No-Mobile, daí a expressão "Nomofobia" ou fobia de ficar sem um aparelho de comunicação móvel" (Wikipedia1, 2018).

Pesquisadores da Universidade do Sul da Califórnia (USC) estudaram a relação entre uso intensivo de redes sociais e déficit de atenção (trabalho publicado no dia 17/07/2018). Adolescentes que usam muito mídias digitais têm mais sintomas de déficit de atenção e hiperatividade – TDAH embora haja dúvidas quando a causa e o efeito. Há quem cogite, pesquisa a ser aprofundada, se os portadores de TDAH são mais atraídos pelas mídias digitais. Foram observados 2,6 mil adolescentes durante dois anos.

Pesquisa recente do Common Sense Media (Sense Midia, 2018) mostrou que adolescente passam 1/3 do seu dia, cerca de 9 horas, usando mídia on-line. A ciência ainda sabe pouco sobre o impacto que a profusão de equipamentos eletrônicos provoca na saúde mental de crianças e adolescentes, cada vez mais ligadas em telas.

Curioso e relevante é o cenário retratado pelos *digerati* (Digerati, 2018). Precursores da internet transformam-se em militantes da desconexão digital. *Digerati* **é um termo adaptado** da alcunha de *literati* – pessoas letradas. Tim Berners-Lee, criador da World Wide Web, opina: "Quem quer assegurar que a internet sirva de fato à Humanidade está hoje preocupado com o que vê no mundo digital".

Para a professora da UFRJ e teórica da Comunicação Raquel Paiva, a conscientização só poderá ocorrer se (ou quando) o usuário brasileiro perceber que está se relacionando mais com máquinas do que com pessoas. "Somos um povo gregário, que necessita de vinculação, precisa do olhar do outro para se ver. O que temo é que as pessoas demorem muito a perceber que não cuidaram do seu entorno, que perderam a sociabilidade" afirma a Profa Raquel.

4.6 Fragmentação no Processo de Produção

Em um enfoque tradicional, ainda que dependente de variáveis diversas, a tecnologia é algo ofertado pela tecno-ciência, estando à disposição de quem dela dela quiser dispor. É, portanto, algo exógeno à organização. Outra dimensão deste mesmo enfoque pressupõe que o conhecimento necessário ao uso dos instrumentos, ou deve estar quase embutido no próprio instrumento, ou deve ser de fácil e rápido aprendizado pelos trabalhadores – visão de Ford e operacionalizada na linha de produção.

No enfoque atual tecnologia não é somente algo dado, é também desenvolvida, variável. Sua utilização estabelece diferenciação e depende de características internas a cada organização, ou conjunto de organizações em evolução sistêmica, prosperando, portanto, endogenamente.

É interessante atentar para características que se afastam e retornam ao ambiente das organizações e na relação dos trabalhadores com o trabalho e com a produção nas eras Pré Ford, Ford e Pós Ford, representadas na Figura 1.

Pré-Ford	Ford	Pós-Ford
Artesão	Trabalhador da Indústria	Trabalhador do Conhecimento
Instrumento de propósito Geral	Instrumento de propósito específico	Instrumento de propósito Geral
Torno x pé de mesa	Prensa CAE/CAD/CAM	Supply Chain Management
Os instrumentos tecnológicos não vêm mais acompanhados das técnicas necessárias às suas utilizações		

Figura 1 – Processos de Produção

Na **era Pré-Ford** a relação dos trabalhadores com a confecção dos produtos era mediada por instrumentos de propósito ou uso geral, cuja aplicação dependia, portanto, da reflexão, dos conhecimentos e, sobretudo, da intenção do trabalhador, à época, o artesão. Um torno se prestava a muitas coisas e nas mãos de um marceneiro era capaz de produzir um pé de mesa; mas a finalidade e a continuidade do processo de produzir a mesa estavam na intenção e na cadeia de agregação que ia se desenvolvendo sob a direção e de acordo com o conhecimento do trabalhador.

Com o advento da **era Ford** a relação dos trabalhadores com a produção passou a ser mediada por instrumentos de propósito único ou específico, o que reduziu a atuação do trabalhador a uma posição não cognitiva na linha de produção. A importância do trabalhador reduziu-se na medida em que cresceu a importância do capital nas relações de produção. A utilização de uma prensa que transformava uma placa de metal em um para-lama de um carro dependia muito pouco dos trabalhadores que operavam a máquina e que, para isso, usavam muito pouco conhecimento. A intenção do carro não estava mais na dimensão do trabalhador e sim na linha pré-formatada de produção.

Na **era Pós-Ford**, era da informação, há um passo e uma alteração nesta relação que recoloca o trabalhador em uma posição de importância cognitiva. No setor de serviços, mormente naqueles onde é preponderante como fator de diferenciação o uso de instrumentos tecnológicos, já se cogita tratar o trabalhador do conhecimento. Neste ambiente, o instrumento, o computador, a estação de trabalho, o hardware e muitos softwares, são de uso geral.

Vale relembrar que nenhuma ferramenta, seja ela de uso geral ou específico, manual, mecânica, elétrica ou eletrônica, sozinha, executa uma tarefa, seja esta simples ou complexa: ela depende, no mínimo, de um operador cujos atributos mentais podem ser próximos a zero ou podem requerer competências somente adquiridas após anos de educação e treinamento ou até mesmo de cultura vivencial.

No caso de instrumentos de caráter geral o nível de cognição demandado para sua operação é considerável, seja o instrumento uma agulha de costura, um torno ou um computador. Com o aumento da complexidade desses instrumentos, fica, por vezes, a ilusão de que a máquina é capaz de fazer coisas sozinha.

O campo dos sistemas de controle de processos é um exemplo dessa distorção de percepção: aqui, uma fábrica que "faz tudo sozinha" dá a impressão ao observador menos avisado que o ser humano é prescindível. De fato, este pode até o ser, no momento em que, após meses e mesmo anos de projetos, especificações, fabricação de equipamentos, desenvolvimento de softwares etc., a fábrica é inaugurada e, acionado um botão, tudo funciona. No entanto, quem desenvolveu tudo isto foram seres humanos.

Exemplos como esse, todavia, simbolizam o máximo da síntese fordista, com a racionalização cartesiano-newtoniana desenvolvida por um grupo de pessoas com alto conteúdo de conhecimentos, dispensando a utilidade do operário desqualificado. Muda, então, o perfil do trabalhador útil que volta a ser, não mais o do operário desqualificado, mas sim o do super-qualificado, o trabalhador do conhecimento. E esta super-qualificação não se resume somente ao projeto do como fazer o desejado.

O conhecimento do que será produzido também é levado às últimas instâncias, sob o risco de, assim não sendo, o resultado sistêmico, o produto final, estar irremediavelmente comprometido. O tratamento dessa mudança de forma integrada, no entanto, não é tarefa simples, principalmente quando se cogitam aspectos vinculados à cognição, inerentes a cada pessoa, a cada ator da rede de agregação – do insumo ao consumo.

A reestruturação mundial decorrente de processos de intensa inovação tecnológica na microeletrônica e eletrônica digital, concepção, produção e consumo, TIC, robótica, nanotecnologia, biotecnologia transformam ainda mais intensamente os processos de produção. A Era do Conhecimento e os tempos de intenso uso de tecnologia de redes viabiliza novos paradigmas técnicos, econômicos, globais.

- Aperfeiçoamento dos produtos, informatização e automação de processos de produção, economia de energia na produção, substituição de matérias-primas convencionais, por outras, mais leves, elaboradas
    - Substituição de trabalho não qualificado pelo trabalho cada vez mais qualificado
- Velocidade da evolução nas informações e nos conhecimento cuja dinâmica é acelerada pelas inovações tecnológicas sustentadas, sobretudo, em conhecimentos científicos, mas não só
- Papel central da sinergia entre conhecimentos científicos, empíricos ou intuitivos para geração de riqueza e agregação de valor

A globalização do final do século XX possibilitou a produção distribuída em redes transnacionais e alterou profundamente os processos, os atores da produção e as relações de trabalho.

Antes as organizações eram administradas hierarquicamente, em grandes ambientes sociais produtivos com a presença de todos os agentes no mesmo local – trabalhadores, gerentes, diretores, proprietários (Era Ford).

Mais uma vez mudamos, desta vez da estruturante Fábrica Fordista – Vertical, para a produção fragmentada em redes – Horizontal.

4.7 O Desafio da Racionalidade – o lucro e a inserção no futuro

A empresa-máquina valoriza critérios como competitividade, desempenho financeiro e redução de custos ainda que muitas das práticas cotidianas que desencadeiam costumem atingir negativamente valores importantes, tais como manutenção do emprego e bem-estar, transparência no relacionamento com a comunidade e preservação do meio-ambiente.

Arie de Geus traça a diferença entre empresa viva e empresa econômica centrada fundamentalmente nos objetivos de cada uma: a primeira busca continuamente aproveitar e expandir seu potencial, garantindo sua longevidade, enquanto a outra têm como único propósito a geração imediata de lucro (De Geus, 1997).

Contudo, a aparente dicotomia entre lucros e longevidade tornou-se inexistente com a ascensão da sociedade do conhecimento, uma vez que, tanto o lucro, quanto a perpetuidade nos negócios derivam da capacidade de aprendizado da organização. A introdução de melhores métodos de trabalho nas empresas é a tônica da ciência da administração. Desde a administração científica e a linha de montagem de Frederick Taylor, o surgimento da pesquisa operacional no pós-guerra e os programas de qualidade total e reengenharia característicos das décadas de 1980-90, até as mais recentes teorias relacionadas à gestão do conhecimento verifica-se a importância atribuída à elaboração de técnicas, práticas e ferramentas cuja adoção represente perspectivas de ganhos na produtividade, redução de custos e aumento incremental na qualidade dos produtos oferecidos.

A essa busca, os teóricos da gestão empresarial costumam atribuir o conceito de melhoria contínua. Vale destacar na indústria o princípio da **padronização**, e os princípios decorrentes da **especialização** e **sincronização**.

As práticas administrativas que preconizavam a utilização de métodos padronizados para a confecção de artigos padronizados – impulsionadas pela especialização profissional dos cargos e pela sincronização dos envolvidos (especialistas) na linha de montagem – tinham como sustentáculo o controle cada vez mais aperfeiçoado de toda esta cadeia, num típico processo de melhoria contínua, até que o método perfeito fosse alcançado (segundo Taylor, *the one best way* – o melhor caminho).

Além destes três pontos-chave da sociedade industrial, temos o princípio da **maximização,** que se confunde com a própria idéia de melhoria contínua: o grande desafio dos administradores na indústria consiste em planejar maneiras de aumentar a produção ao mesmo tempo em que os custos e tempos são diminuídos, Figura 2.

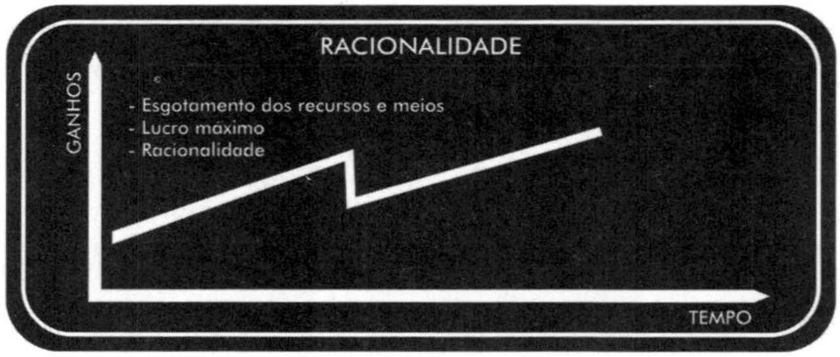

Figura 2 – Racionalidade Econômica

Finalmente, concentração e centralização, que também se configuram extremamente importantes no contexto da era industrial, mas que a nosso ver não apresentam uma relação causa e efeito direta com a noção de melhoria contínua. Na realidade estes princípios podem ser resumidos em um único: o conceito de **racionalização.**

O passado ensinou a convivência em ambientes onde os agentes econômicos têm conhecimento das variáveis que influenciam seus retornos, conhecem as preferências dos competidores, são capazes de desenhar com racionalidade os cenários futuros e suas previsões convidam à busca de lucro máximo. Nestes ambientes os agentes são racionais e agem para maximizar seus retornos e para tirar dos recursos alocados, aí incluídos os ativos e as pessoas, o máximo de retorno. Num ambiente estável os agentes tomam decisões mecânicas e prescindem de emoções e intuições, características que, inclusive, perturbam a decisão incluindo hesitações, comprometendo sua qualidade (Ritto, 2004).

Nos modernos ambientes de negócio o que se observa são mercados evolutivos onde se convive com permanentes reformulações de conceitos, com o surgimento de questões novas e necessidades de novas abordagens para novas soluções e novas relações com novos e antigos agentes em convivência evolutiva nos ambientes políticos, econômicos e sociais.

Nestes ambientes novas hipóteses passam a considerar mercados em aprendizagem e cogitam racionalidade limitada (Figura 3).

Os modelos racionais e mecânicos, nestes contextos, perdem a eficácia e aspectos ligados a comportamento e à maior parte das informações e conhecimentos relevantes não são completamente dominados. Os agentes agem sob emoção.

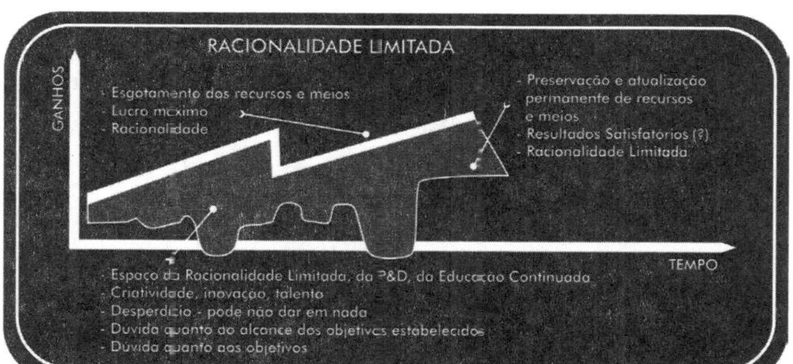

Figura 3 - Racionalidade Limitada

A hipótese da racionalidade limitada exige considerar interdisciplinaridade, risco e incertezas com mais intensidade e, sobretudo, mudanças rápidas no conhecimento. Nestes ambientes se alteram os próprios objetivos dos agentes que se deslocam no tempo, perdem um pouco de sua fixação no retorno de curto prazo, e passam a valorizar a sua permanência e garantir sua passagem para o futuro.

Os agentes passam a se preocupar com a preservação dos recursos e meios, aí incluídos os ativos, mas, principalmente, as pessoas, agora agentes da transformação que os ambientes exigirão.

Os resultados, sem perder de vista a sobrevivência econômica, incorporam outras dimensões de resultados aí incluídos o reconhecimento do mercado, o valor da marca e a capacidade da organização de digerir o novo, de estar em conformidade, compliance, e ética.

Neste novo ambiente as preocupações incluem pesquisa e desenvolvimento, educação continuada, valorizam a criatividade, a inovação e o talento. Por ser assim, passam a conviver com algum desperdício. Afinal, na medida que pessoas passam a se dedicar a Pesquisa e Desenvolvimento – P&D, os projetos convivem com incerteza e podem não-dar-em-nada.

Há convivência com dúvidas quanto ao alcance dos objetivos e até mesmo quanto aos objetivos, doravante ameaçados por novas formulações advindas dos ambientes e das manifestações dos diversos agentes.

Conhecimento passa a ser meio de produção e cada vez é mais forte a percepção de que a organização precisa promover educação continuada e se transformar em um ente capaz de aprender continuamente. Mas há muitas questões abertas. O que é uma organização que aprende? Como se pode definir e tratar a tensão existente no cotidiano das organizações entre a necessidade de inovação e criatividade, de um lado e a necessidade de obediência a padrões, do outro? Quais as diferenças entre uma organização hierárquica e uma organização em rede? Como se pode entender e enfrentar o desafio da interoperabilidade nas organizações em rede? Que características devem estar presentes em um modelo de aquisição de conhecimento no cotidiano das organizações?

4.8 Cadeias Produtivas Globais de Agregação de Valor

As Cadeias Produtivas Globais de Agregação de Valor (Morais, 2012), aceleram as mudanças e convocam novas percepções:

- Produção envolve indústrias globalmente distribuídas com fragmentação das cadeias de valor através de uma arquitetura modular

- A fragmentação dos processos produtivos nas últimas décadas transformou de maneira significativa o comércio mundial, fazendo com que uma parte importante do intercâmbio passasse a se dar entre indústrias internacionalmente alocadas, levando a um intenso fatiamento das cadeias de valor. Isso permite que os detentores de ativos intangíveis (marca, pesquisa e desenvolvimento – P&D, desenho e concepção, comercialização) se apropriem de fatia principal do valor adicionado (VA), deixando para os países em desenvolvimento as atividades padronizadas e de menor qualificação, por sua vez submetidas à elevada competição e às baixas margens de lucro e agregação de valor

- É também o caso dos produtos da família Apple (MacBooks, iPods e iPads), que carregam um rótulo um pouco mais próximo da realidade e mencionam a ponta inicial e final da cadeia: "projetado pela Apple na Califórnia, montado na China"

- Um exportador líquido de bens finais de alta tecnologia não necessariamente agrega muito valor, especialmente se seu papel na cadeia for de mero montador

- Além da divisão organizada da produção e da codificação de processos e produtos que facilita sua fragmentação, há relações específicas entre as empresas envolvidas, necessárias para que o processo avance no sentido da integração produtiva

- Na integração produtiva, as relações entre as empresas envolvem alianças, parcerias, cooperações e acordos estratégicos com motivações por vezes distintas de uma lógica de curto prazo de mercado, como os acordos para transferência de tecnologia

- As cadeias produtivas globais são um sistema complexo de valor adicionado.

    - Cada produtor adquire insumos e adiciona valor ao bem intermediário na forma de lucros e remuneração para o trabalho, que, por sua vez, irão compor os custos do próximo estágio de produção

- São várias as características da indústria eletrônica que permitem que ela seja a mais dinâmica e geograficamente a mais extensa cadeia de produção global entre todos os demais setores produtivos. Uma primeira razão simples é que em partes e componentes de bens eletrônicos, bem como na maioria dos produtos finais, a relação valor-peso é elevada, o que torna o transporte de longa distância relativamente barato

- As Cadeias Produtivas Globais representam um novo modo de produzir

    - Não haverá retorno ao modelo "Fordista", do modo de produção vertical e concentrado

As Redes de Valor evoluem agora de acordo com as possibilidades da tecnologia e com a capacidade dos projetistas e não reconhecem mais fronteiras nacionais nos processos de produção.

As redes possibilitam latência zero – percepção, ação e reação em tempo real nos ambientes econômicos e sociais.

TI é agora uma commodity e sua presença e utilização não acrescenta valor estratégico às organizações, ao contrário, é a sua ausência que pode excluir uma organização do seu mercado. A diferença será a ação das pessoas e sua capacidade de usar este instrumento no desenvolvimento de suas atividades e no alargamento da percepção da realidade.

A complexidade aumenta e cada agente se comporta como um atrator, podendo ser caótico, criando a possibilidade da mudança permanente. Há abundância de informação em tempo real e seus tratamentos podem proporcionar a percepção adequada às pessoas que evoluírem em seus entendimentos e que se engajarem na co-autoria do futuro. A tecnologia é indutora da rede de valor.

Esse modelo, Figura 4, liga cada vez mais as rigorosas exigências do cliente com a fabricação flexível e econômica. O trabalho de algumas funções possivelmente deverá ser eliminado ou terceirizado.

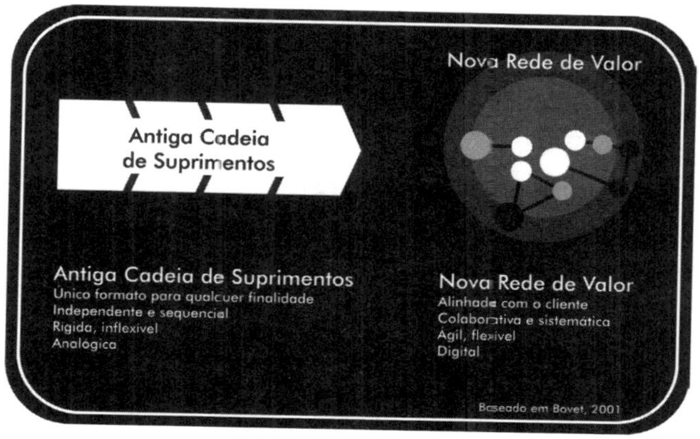

Figura 4 – Evolução da Rede de Valor

Numa rede de valor a cadeia de suprimento é o modelo de negócios. A rede de valor trabalha no sentido da criação de uma arquitetura de informações que possibilite sua expansão a fim de auxiliar todos os parceiros a reagir às constantes alterações do mercado.

Os modelos de negócio da rede de valor contam com a alavancagem por parte dos parceiros. A rede cria oportunidades que demandam novas percepções e atitudes.

Nas redes obtém-se latência zero o que significa que, na teoria, não existe lapso de tempo entre receber uma informação crítica, analisá-la e partir para uma ação em função desta informação. A análise em tempo real será crítica para a sobrevivência das organizações na economia global atual e a análise em tempo real requer que gerentes de negócio tenham uma visão em tempo real do desempenho dos seus processos de negócios na organização e de que os processos também fazem parte da capacidade da empresa em conseguir realizar a análise com latência zero.

A natureza essencial da matéria não está em objetos, mas em interconexões.

A rede é a instituição o nosso tempo: sistema aberto, estrutura dispersiva tão ricamente coerente que está em fluxo constante, a postos para remanejamento, capaz de transformação infinita. Esse modo orgânico de organização social é mais adaptável biologicamente, mais eficiente e mais 'consciente' do que as estruturas hierárquicas. A rede é plástica, flexível. De maneira efetiva cada membro é o centro da rede (Ritto 2004)

Um produto é uma ideia em forma tangível e o serviço é uma ideia em forma intangível. Como objetos tangíveis, os produtos existem no tempo e no espaço, os serviços só existem no tempo. Por suas intangibilidades, os serviços não podem ser armazenados ou incluídos num inventário. Eles devem, portanto, ser produzidos em tempo real, no momento da entrega. Produção, entrega e consumo são virtualmente simultâneos. Do ponto de vista do cliente, o serviço não existe até ser entregue e consumido.

4.9 Fragmentação na Prestação de Serviços

No campo dos serviços a fragmentação se dá através da "uberização"; tarefas sob demanda – Uberização do Trabalho.

A fragmentação da prestação de serviços é antiga e a ideia do trabalho sob demanda é muita mais antiga que o Uber. Mas foi o Uber que deu nome ao processo - **uberização**.

Todavia, desde a segunda metade do século passado que os Planos de Saúde "uberizaram" os médicos e rapidamente todos os prestadores de serviços de saúde. O mesmo aconteceu, e desde a mesma época, com os serviços de transportes de carga, socorros de veículos em dificuldades e muitos outros.

Em grandes organizações a ideia de concentração nas atividades no chamado "core business" e a contratação de terceiros para execução das demais atividades, rapidamente mudaram as relações trabalhistas e abalaram os pressupostos da própria legislação trabalhista. Grandes organizações contratavam outras empresa para prestação de determinado serviço, que por sua vez contratavam pessoas para suas efetivas execuções num formato de contratação de autônomos; rapidamente relações de trabalho transformaram-se em relações empresariais – o trabalhador é pessoa jurídica.

O que aconteceu no chão de fábrica no século passado vai acontecer com a administração: os Robôs estão entrando no Escritório. Ganharão força profissões que envolvem criatividade, capacidade de tomada de decisão, consideração de fatores imponderáveis;

4.10 Fragmentação por cima e por baixo - Mudanças Paradigmáticas

"Por cima" a globalização atende primordialmente a interesses corporativos e, mais das vezes, está submetida a Grupos Econômicos. Neste ambiente a organização social está ameaçada de cima pela globalização. Numa economia mundializada faltam autoridades para impor limites à atividade econômica. Capitalismos nacionais estão ligados à história de cada país; Instituições de nível mundial, Bancos, FMI e OMC impõem lógica econômica e não objetivos sociais.

No meio do caminho está a Sociedade tentando cuidar do interesse de todos, dos Direitos Sociais, dos Direitos do Cidadão, das Leis e da Racionalidade. Sociedade é a interdependência, na mesma unidade territorial, dos diversos setores da atividade coletiva.

"Por baixo" está o indivíduo com sua subjetividade, isolamento, diferenciado em seus valores, interesses de cada um, direitos humanos. A organização social está ameaçada embaixo, num apelo cada vez mais radical e apaixonado ao indivíduo e não à sociedade; as redes sociais aceleram os processos de individualização.

Constatações cotidianas do inesperado desatualizam competências e instituições e expõem a fragilidade de métodos sofisticados de planejamento. Na verdade planejamento se mantém necessário; quem fez um planejamento caprichado está melhor preparado para a improvisação. Como manter o mundo institucional em meio à vitalidade das mudanças na conjuntura, no conhecimento, nas demandas, nos ambientes políticos, econômicos e sociais? Como acomodar gestão racional (lógica determinista) com a natureza política da cúpula das organizações e com a mudança permanente, emergente, global-local? Que modelo teórico de vida social pode orientar uma reorganização social em meio a tanta diversidade? As relações sociais não são mecânicas, são caóticas. Como equalizar potenciais num trabalho em rede, fragmentado no tempo e no espaço?

Por cima das relações sociais, e mesmo de difícil alcance pelas políticas nacionais, encontram-se os elementos da Globalização da produção agora horizontalizada.

Por baixo, nas relações sociais cotidianas encontram se as redes sociais que se manifestam de formas inéditas também criando problemas de difícil tratamento pelo aparato legal vigente; Fakenews são apenas o exemplo mais exuberante.

A necessidade de mecanismos de medição, de análise, de disciplinamento de limites é imperativa. Mas modelos e padrões antigos nem sempre servem.

4.11 Compliance

A fragmentação provocada pelas redes gera problemas; como vimos, tanto no plano individual, pela profusão de notícias falsas e inúteis, como no plano da globalização na fragmentação da produção. Tudo muito novo em várias dimensões, faz surgir a necessidade de novas normas de convivência num ambiente que está longe de encontrar o equilíbrio; continua mudando.

Difícil lidar com problemas desta magnitude em um ambiente novo de características, em grande medida, ainda desconhecidas.

No contexto das organizações globais amadurecem os conceitos e as práticas de Governança, Risco e Compliance:

- **Governança** refere-se a políticas organizacionais, práticas e diretrizes para orientar pessoas e processos de uma organização
    - Pretende colocar todos os envolvidos na mesma direção, juntos, trabalhando para um objetivo comum
- **Gestão de Riscos** se antecipa a problemas, atenta a probabilidades de situações impactarem projetos da organização
    - Considera fatores internos e externos, ameaças econômicas, ambientais, mudanças no mercado etc.
- Compliance - Conformidade com determinado segmento da realidade
    - **Conspira** no sentido de manter os processos de acordo com a legislação, normas e boas práticas da sua área de atuação

- Atenção, auditoria e monitoramento contínuo para garantir e certificar a adequação

Governança, Risco e Compliance atuam de maneira integrada – princípios, valores, eficiência, transparência e resultados.

Compliance também é uma questão do Direito. As cadeias globais de valor provocam novas questões nas relações jurídicas com destaque para aquelas relativas ao Direito Internacional do Trabalho.

Cada vez mais emergem problemas decorrentes da interação entre pessoas públicas e privadas de diferentes nacionalidades. A demarcação entre o Direito Nacional e o Direito Internacional ficará cada vez mais imbricados.

As regulações precisam ser mais versáteis e adaptativas para serem eficazes em um ambiente comercial sustentado em cadeias globais de valor em tempo de inovação. Nestas redes, convergência, coerência e cooperação regulatória são fundamentais para garantir a possibilidade da produção e a competitividade.

Compliance significa estar em conformidade com os sistemas, normas e procedimentos vigentes para prevenção, detecção e providências a respeito de inadequações, seja no campo dos produtos e serviços, seja no campo do comportamento dos diversos agentes envolvidos nos processos; todo o desvio, erro ou não conformidade que dificulte ou impeça o alcance de uma situação desejada dentro de um processo ou sub-processo.

Compliance precisa ser um acordo coletivo, um conjunto de métodos e disciplinas que formaliza regras externas (leis, normas) e internas (procedimentos, regimento, política interna, regulamentos) de uma organização, um sistema dinâmico que deve ser compreendido e obedecido por todos os agentes participantes num processo de produção.

Compliance evolui e demanda revisão permanente da legislação, nas normas da organização integradora do processo de produção, dos métodos e técnicas aplicados.

Compliance tem reflexos na sociedade (Pereira, 2018). Diante de todos os reflexos da globalização, sejam eles positivos ou negativos, vale destacar a criminalidade, em especial, o crime de corrupção, que adquiriu novas dimensões, rompeu fronteiras, assumiu características complexas e alcance global, ganhando, destaque no contexto internacional.

Adicionalmente, a abertura de fronteiras, com o crescente envolvimento de diversos países no mesmo processo de produção, obrigou as organizações a observarem e respeitarem as leis de diferentes jurisdições sendo compliance um aliado eficiente para mitigar os riscos de violação de legislações, sobretudo legislações específicas de diferentes países participantes dos processos de produção.

Novas regras são implementadas no cenário internacional visando a garantir maior segurança jurídica e financeira nas relações internacionais, um cenário formado por investidores cada vez mais exigentes, preocupados em mitigar seus riscos, manter sua reputação e aumentar seus lucros, com a construção de relações sustentadas em confiança, transparência e **ética**.

O risco de sofrer sanções aplicadas concomitantemente pelas autoridades dos vários países em que a organização atua, frente a aplicação extraterritorial das leis anticorrupção de diversas jurisdições, incluiu compliance na pauta de discussão das prioridades das organizações e dos organismos internacionais.

A exigência de programas de compliance robustos e efetivos é uma realidade que não se pode mais ignorar. A inexistência de programas de compliance, especialmente no cenário altamente competitivo que se antevê na atual estrutura da sociedade globalizada, afasta investidores, aumenta os riscos de envolvimento em fraudes e escândalos de corrupção com impactos negativos diretos na reputação das organizações. Além do risco de incorrer em severas multas e penalidades aplicadas pelas autoridades que podem levar, inclusive, à falência de organizações.

A inexistência de compliance coloca em risco não somente sócios/acionistas e funcionários, mas também a sociedade, que certamente será envolvida.

4.12 Inovação - necessidades e riscos

Aprendemos que uma coletividade que não sabe o que a ameaça não tem nenhuma chance de sobreviver.

A economia desmaterializa-se e cada vez mais são frequentes as referências às empresas virtuais, ativos intangíveis, capital intelectual, produtos mais complexos, com mais conhecimento multidisciplinar agregado.

A capacidade de aprender é o diferencial estratégico da produção e é preciso tratá-la com metodologias e ferramentas apropriadas, processar adequadamente os dados, aplicar corretamente as informações e gerenciar conhecimentos (Ritto, 2004).

Inovar parece não ser mais uma opção ou uma vocação e sim um imperativo. As organizações compartilham um ambiente complexo com um conjunto grande e incontrolável de atores de toda ordem.

Neste ambiente é necessário manter vigilância tecnológica e vigilância regulatória permanente. É mandatório entender movimentos dos diversos agentes direta ou indiretamente envolvidos no ambiente de negócios da organização. É relevante estar atendo aos protótipos e produtos em desenvolvimento nos institutos de pesquisa.

É importante estar atento aos movimentos dos clientes, fornecedores, parceiros e terceiros de toda ordem que podem fazer movimentos que venham a influenciar decisões passadas, presentes ou futuras.

A figura 5 tenta mostrar sinteticamente este ambiente caótico, com todos os agentes em movimento permanente, do qual a organização precisa tirar a ordem possível, sempre ameaçada por maus entendimentos ou de movimentos não percebidos.

Certamente compliance pode ser um mitigador de surpresas e problemas; e quanto mais agentes estiverem envolvidos melhor.

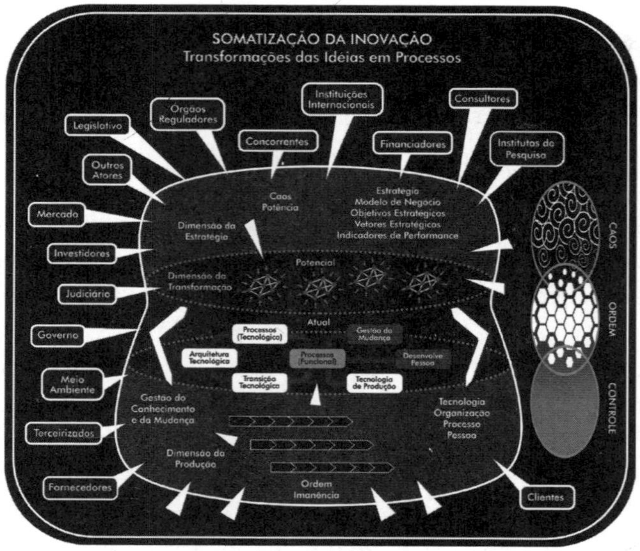

Figura 5 – Caos e Ordem

4.13 Inovação para Inovar

Inovações tecnológicas impactam os diferentes setores do complexo sistema social, econômico e político das sociedades contemporâneas. A utilização de um instrumento tecnológico implica a co-criação de conhecimento; são complexos os instrumentos, normalmente são complexas suas utilizações em processos de produção compartilhada.

Mas é relevante perceber que a introdução de uma inovação confere poder sobre os processos de produção onde ela será aplicada. A repetição da aplicação de inovações técnicas "dá poder" aos grupos inovadores já que lhes concede iniciativa e capacidade de prosseguir inovando, preservando e ampliando a autonomia técnica. Esta "acumulação de autonomia e de confiança" pode ter mais valor que possível acumulação de capital e mais poder de redundar em uma inovação.

É também relevante perceber que a inovação pela via tecnológica altera a relação entre emprego e trabalho, salário e renda. A reestruturação da produção decorre de dois aspectos da inovação:

- Inovação tecnológica - diversos instrumentos das TICs, sobretudo redes

- Inovação na gestão - terceirização, ilhas de produção, trabalho em equipe, condomínio industrial, UBERIZAÇÂO

Destes movimentos percebe-se:

- Salário caindo
- Desaparecimento de funções e de profissões
- Emergência de novas funções e profissões
- Trabalho mental superando o trabalho físico
- Empregos diminuindo e trabalho crescendo
- Relações trabalhistas tornam-se relações empresariais
- Prestadores de serviço disputando trabalho
- Rendimento em função do serviço prestado
- Crescimento do trabalho informal
- Mudanças na forma de se encontrar trabalho
- Empresas não querem responsabilidade com a carreira dos trabalhadores
- Empregadores não querem, como antes, exclusividade do colaborador
- Trabalhadores têm de procurar várias inserções
- Saber trabalhar em equipe aumenta o valor da pessoa
- Habilidades específicas têm vida útil curta

4.14 Estudos da Consciência

A consciência tem sido estudada por cientistas e espiritualistas de diversas linhas de pensamento. Nas últimas décadas do século passado (1990 - década do cérebro) houve aprofundamento no saber científico a respeito do cérebro, com destaque para os estudos da consciência.

A consciência é a percepção imediata do sujeito daquilo que se passa, dentro ou fora dele. Consciência é uma qualidade da mente que abrange subjetividade, autoconsciência, sabedoria, capacidade de perceber a relação entre si e o ambiente.

Não há uma definição definitiva aceita pela ciência – há dúvidas e debates. Para a ciência a consciência emana da matéria – é neuronal simplesmente.

As leis e as formas de pensamento estão comprometidas com a ideia da produção no paradigma das fábricas. Na fábrica as pessoas se conhecem, estão sob as mesmas regras de convivência e tem um sentido de pertencimento; à fábrica, ao produto e aos valores estruturantes de uma hierarquia forte e única.

Mas estamos numa sociedade de serviço e o modelo é o do shopping center. As pessoas trabalham nas diferentes lojas, no mesmo espaço físico, mas sem pertencimento, sem percepção da totalidade, uma sociedade sem laços.

A Dra Janaina Brizante, Neurocientista, Doutora pela Duke University e pela USP, Diretora na Nielsen Brasil, ensina que o nosso cérebro não está preparado para lidar com novas tecnologias (Brizante, 2018).

O cérebro que temos não evoluiu neste mundo tecnológico, evoluiu no meio do mato sem geladeira, supermercado e smartfone. A dor criada por uma rejeição em redes sociais equivale a um abandono real e provoca ansiedade, sofrimento, depressão, dor social. Antes as pessoas se relacionavam cotidianamente com 20 outras pessoas no ambiente presencial, agora com 100 amigos virtuais. Nossa espécie evoluiu com contato físico – contato virtual não é igual. Crianças não têm sistema nervoso para lidar com a superficialidade e a velocidade dos smartfones ensina a Dra. Janaina.

Quanto melhor os grupos humanos conseguem se constituir em coletivos inteligentes, em sujeitos cognitivos, abertos, capazes de iniciativa, de imaginação e de reação rápidas, melhor asseguram seu sucesso no ambiente altamente competitivo. Novas competências precisam ser incorporadas a cada momento.

As novas condições conferem vantagem competitiva aos grupos em que os membros são capazes de adotar individualmente iniciativas de coordenação em lugar de se submeter à planificação vinda de cima. Esta constante mobilização de capacidades cognitivas e sociais supõe forte implicação subjetiva que, bastante individual por um lado, é ética e cooperativa de outro.

É importante perceber que o**s objetos, as tecnologias, os processos de fazer as coisas daqui a poucos anos, ainda não foram inventados; os sujeitos e seus comportamentos também não.**

4.15 À Guisa de Conclusão

A realidade e suas possibilidades, estruturações e emergências só podem ser percebidas e tratadas pela pessoa; é a pessoa que pode, através da imaginação e criatividade inovar e recriar a realidade atenta às suas imanências e realizando o seu potencial.

Os instrumentos e modelos que viermos a adotar serão mais interessantes se colaborarem entre si, tornarem as pessoas coautoras da totalidade e criarem condições para que se desenvolvam plenamente em influência mútua com o desenvolvimento da comunidade e da organização; reconquistar nas pessoas a sua natureza política.

Nas organizações verticais, hierárquicas, o poder é muito grande na direção, no topo, e muito pequeno nas pessoas.

Nas organizações políticas é maior o poder das pessoas. O que deve ser buscado é a criação das condições que favoreçam o desenvolvimento político da pessoa - construção de si concomitante com a construção da organização.

Tudo está sendo construído, nada está definitivamente pronto, novos conhecimentos estão sendo formalizados e as coisas vão mudar, continuar mudando.

E vamos continuar aprendendo, na lida, conversando acertando, errando, evoluindo.

O que se verifica não é um agente organizando os ambientes, mas os ambientes organizando a si mesmos. Que "leis" regem esses processos de auto-organização?

As qualidades humanas são as mais relevantes numa economia que prospera estimulada na inteligência coletiva. Escasseiam os que fabricam as coisas e seu trabalho, instrumentalizado, ampliado, mecaniza-se cada vez mais. As profissões de tratamento da informação se encontram ameaçadas pois as redes de comunicação com inteligência incorporada realizarão sozinhas a maior parte das tarefas. Como última fronteira, descobrimos o humano, o não-automatizável. A abertura de mundos sensíveis, a invenção, a relação, a recriação continuam sendo humanas.

Os que promovem a inteligência humana encontram-se hoje na origem da prosperidade. Mas uma sociedade sem valores é uma experiência que estamos experimentando neste momento e a vida social exige normas, aceitas, acordadas. Ética emerge da cultura - vive num espaço-tempo.

A pessoa é um ser em construção e só se realiza com o exercício da liberdade e através da educação e da cultura.

4.16 Referências

ANTONIK, Luis Roberto; Compliance, ética, responsabilidade social e empresarial: uma visão prática - Alta Books, Rio de Janeiro, 2016.

BRASIL ESCOLA https://brasilescola.uol.com.br/psicologia/dependencia-digital.htm, visitado em julho de 2018.

BRIZANTE, Janaina. Revista Época, 16/07/2018.

CASANOVA, Pablo González; As novas ciências e as humanidades da academia à política, Editora BomTempo, São Paulo, 2006.

DE GEUS, Arie, The Living Company, Harvard Business Press, USA, 1997.

DIGERATI; O Globo 07 de julho de 2018.

MORAIS, Isabela Nogueira de Morais; Cadeias Produtivas Globais e Agregação de Valor - a posição da China na indústria eletroeletrônica de consumo; Pesquisadora do Instituto de Socioeconomia da Universidade de Genebra; Revista Tempo do Mundo, v. 4 , n. 3, Dezembro de 2012.

NONAKA, Ikujiro, TAKEUCHI, Hirotaka. Criação de conhecimento na empresa. Rio de Janeiro, Ed. Campus, 1997.

PEREIRA, Izabel de Albuquerque: Os programas de compliance e seus reflexos na sociedade. (doutoranda em Direito da Faculdade de Direito da Universidade Nova de Lisboa (UNL) e mestre em Direito Internacional pela Faculdade de

Direito da Universidade do Estado do Rio de Janeiro). http://www.lecnews.com.br/blog/os-programas-de-compliance-e-seus-reflexos-na-sociedade/ LEC Community 20/03/2018.

RITTO Antonio Carlos de Azevedo. Organizações caórdicas – modelagem de organizações inovadoras. Editora Ciência Moderna, Rio de Janeiro, 2004.

RITTO, Antonio Carlos de Azevedo, Organizações em Rede - ordem e caos na estruturação do trabalho. Monografia apresentada como exigência curricular para obtenção do Diploma do Curso de Altos Estudos de Política e Estratégia, Edição ESG, Rio de Janeiro, 2004a.

RITTO, Antonio Carlos de Azevedo. Consciência, Ciência e Espiritualidade, Capítulo do Livro Estudos da Consciência - A Consciência segundo diferentes Linhas de Pensamento, Editora Ciência Moderna, Rio de Janeiro, 2017.

SENSE MIDIA, https://www.commonsensemedia.org/, visitado em julho de 2018.

WIKIPIDIA 1, https://pt.wikipedia.org/wiki/Nomofobia visitado em julho de 2018.

Capítulo 5

Novas Competências para a Gestão da Inovação

5.1 Introdução

O tripé da Gestão da Inovação é composto por Pessoas, Processos e Projetos – são os 3P da Inovação. Consciente de que Processos precisam ser identificados, Projetos devem ser construídos e pessoas precisam adquirir novos conhecimentos e serem conquistadas, torna-se mandatório o Perfil Comportamental do Gestor, a identificação do Cenário atuante e suas possibilidades futuras somadas ao produto/serviço/processo. Chesbrough,2003

No entanto, a articulação do gestor diante do cenário real e possível com a inovação de produto/serviço ou processo exige alguns parâmetros ou modelos, por vezes ainda não testados, mas com chances de sucesso.

Estas decisões só virão à tona e se tornam manifestações reais se o perfil e atitudes do gestor estiverem alinhados com a visão de futuro e flexibilidade de paradigmas, características movedoras de cenários e mola mestra da inovação. (Joel Barker,95)

Há que se questionar: Por que novas competências, quais são competências e como desenvolvê-las?

Neste contexto se identificam em pesquisa de talentos e cenários quais as novas competências do profissional do novo século, o que significa responder - Por que novas competências - já que o processo, os modelos e as competências atuais não estão suprindo as necessidades e não respondem as questões do momento, e muito menos como se preparar para as demandas futuras.

Daí segue a interrogação mais emergente que **é**

- como formar profissionais competentes para o futuro?

A segunda questão, anexada à resposta da primeira que **é**

- quais são as competências que se deve desenvolver para este profissional do Futuro?

Preliminarmente se percebe a relevância da Cultura de Inovação e Empreendedorismo com base no Planejamento, Gestão e novos modelos de Aprendizagem.

Isto posto, cria-se uma demanda de processos de construção do conhecimento diferenciados e propostas para elaboração de conteúdos com base na formação de competências.

5.2 A Inovação nas Habilidades e Competências

São várias as modalidades de conteúdos em vigência no cenário atual, do modelo tradicional, presencial e expositivo, com muitas avaliações escritas, aos modelos mais inovadores, presenciais e à distância, com dinâmicas, oficinas, o modelo aprender fazendo, os modelos de labs e makers.

A inovação traz muitas possibilidades e trabalhar por competências é uma delas.

Todas as carreiras profissionais são construídas com foco na função que estes profissionais deverão realizar.

O engenheiro civil deve construir pontes e prédios, etc. O médico deve atender clientes e estudar doenças, terapêuticas, etc.O advogado deve conhecer as leis. Perfeito!Estudar competências significa realçar outras questões.

O que é necessário na **atuação de um médico para atender** uma pessoa doente?

O que é necessário **na atuação de um engenheiro de** sistemas de computação aplicada para desenvolver uma solução ou aplicativo computacional?

Que metodologia deve ser utilizada para desenvolver as competências que este profissional precisa?

Neste sentido, uma pesquisa em algumas áreas profissionais elaborando conteúdos e modelos de aprendizagem permitem desenvolver competências e habilidades , que colaborem para o melhor desempenho das pessoas em várias profissões e principalmente neste futuro que se avizinha com demandas ainda não conhecidas, mas certamente com exigências de muitas competências.

Tem-se a considerar que o objetivo de antes "que o aprendiz profissional recebesse uma quantidade de conteúdo/conhecimento, comprovado por documentos teóricos", se transformou para "que o aprendiz profissional desenvolva e experimente situações que gerem conhecimento com comprovação prática de resultados".

Com esta mudança e transformação de atitudes as metodologias de aprendizagem ficam alteradas.

Moretto (2013) se apoia nos estudos de Guy Lê Boterf e de Philippe Perrenoud que define a competência como "a capacidade do sujeito mobilizar recursos visando abordar e envolver situações complexas" (p. 70).

Considerando que um dos atributos da competência envolve situações complexas, Moretto (2013) analisa o que é uma situação complexa a partir da definição de Edgar Morin do que é a complexidade:

> [...] a complexidade é um tecido (complexus: o que é tecido junto) de constituintes heterogêneas inseparavelmente associadas: ela coloca o paradoxo do uno e do múltiplo. Num segundo momento, a complexidade é efetivamente o tecido de acontecimentos, ações, interações, retroações, determinações, acasos, que constituem nosso mundo fenomênico (MORIN, 2006, p. 13).

A partir das definições das situações complexas, o autor questiona as ações da escola diante disso, afinal, o mundo físico é cheio de complexidade, e a escola faz o que diante das situações?

Poderia desenvolver o perfil Empreendedor e criar "Um Modelo Pedagógico para Abordar e Resolver problemas" utilizando a prática de desafio com problemas reais.

Um modelo é um conjunto de elementos e o modelo VM (Moretto,2013), reitera a importância de planejar, ministrar/participar e avaliar.

O modelo pedagógico VM, de dar aula, planejar a aula e avaliar a aprendizagem exige dedicação e compromisso docente, mas, principalmente, visão para a formação de futuros profissionais. Segundo Morett,2013, **Habilidade** é a capacidade que alguém desenvolveu para fazer alguma atividade específica e a ***Competência,*** que antes era considerado um grande conhecimento técnico de um profissional, **é "A mobilidade de 5 conceitos: Conhecimentos, Linguagem, Habilidade de saber fazer, Valores culturais e Emoções".**

Prova, também por, **Vasco,** vem a ser, não mais, um acerto de contas, mas **"Um Momento Privilegiado de Estudo".**

Estamos no século XXI e a despeito de toda tecnologia, o ser humano ainda duvida de sua própria capacidade e habilidade. Somos completamente desconhecedores uns dos outros e ainda assim estamos desenhando um futuro que sonhamos ser promissor e enobrecedor.

E precisa ser.

É preciso sonhar, e sim, sonhamos com um século XXI melhor, principalmente porque trabalhamos muito para isto.

Senão vejamos.

A educação está abrindo novas frentes de aprendizagem com modelos que permitem transpor o caderno e seu conteúdo para a dinâmica das oficinas e revisitando conceitos, dentre o quais se insere o novo processo de aprendizagem e a percepção de novas competências.

5.3 Novas Metodologias de Aprendizagem

O Perfil Profissional, percebido em atividades, não mais provas técnicas ou exame psicológico.

Prospecção, realizada através de desafios práticos, com resultados válidos como soluções de problemas. Muitas outras transformações, evidentemente, não generalizadas, na Educação, mas comprovadas e reais, no cenário Brasileiro e Mundial.

Isto posto, têm-se variadas estratégias de formação e desenvolvimento profissional que levem à criação de novas Competências.

Os modelos de negócios adentraram a Academia, no Perfil Empreendedor, criando novas práticas como as Incubadoras, Empresas Juniores, Projetos Inovadores para final de cursos e muitas parcerias, segundo a Hélice Tríplice entre Governo, Academia e Sociedade para o desenvolvimento e realização de soluções para todos os entes, seja a própria Academia, Empresas ou Governo.

As Incubadoras, Empresas Juniores e Startups (projetos Inovadores) trazem na metodologia, os critérios da novidade, a variedade e o risco destes empreendimentos.

A nova Estratégia de Aprendizagem deve tratar com atenção de dez pontos relevantes para abertura de novos paradigmas e melhor aproveitamento da pessoa no desenvolvimento de habilidade e competências formadoras do profissional do futuro;

1. cuidar e mediar a Cultura do Individualismo que se vive, atualmente com a cultura da colaboração. O outro não é percebido.
2. realizar observação participante, o que significa dizer leitura e percepção do outro e do ambiente.
3. criar modelos inovadores e individuais. Atenção ao indivíduo. Perceber a si.
4. buscar novidade, mas criar e manter identidade com segurança de autoria.
5. trabalhar a colaboração, a sociedade, mas mantendo-se íntegro e por inteiro.
6. cuidar das lideranças sem tirania nas ferramentas de desafios, oficinas e dinâmicas.
7. observar as Legislações e principalmente as Organizações Internacionais de Estudos. Estas, por vezes, não são autoridades legislativas educacionais, no seu ambiente, mas trazem em seu escopo uma visão e abrangência do mundo todo, integrando perfis e regiões.
8. criar Padrões de competência para professores e profissionais.

9. integrar as Novas Competências, do professor como do aluno, com as competências do Mundo do Trabalho.
10. manter a sede do saber em **Como Fazer e Diferença.**

5.4 As Novas Competências

As novas competências para o mundo contemporâneo estão mais voltadas para **o ser** do que **fazer**. As ações de realizar estarão destinadas às máquinas e suas tecnologias. O perfil profissional terá como competências três modelos de atuação para todas as áreas de conhecimento.

- Resolver problemas com soluções inovadoras e tomadas de decisão;
- Comunicação e Marketing;
- Gestão de pessoas.

Para todas as áreas do conhecimento os profissionais terão tecnologia a seu dispor, mas continuarão eles próprios a precisar tomar decisões, resolver problemas, cuidar das comunicações e de todo marketing necessário e principalmente fazer gestão de pessoas. Deverão desenvolver competências e habilidades para cuidar, promover, perceber, ouvir, dialogar e negociar. Suas habilidades exigirão criatividade, visão, flexibilidades de paradigmas e liderança.

5.5 Elementos Estruturais das Novas Competências:

- Informação – insumo necessário à geração do conhecimento, com exigência de estar íntegra, atual e no tempo certo.
- Ambiente – identificado e oportuno
- Pessoas – com talento e perfil empreendedor.

A linha de desenvolvimento do processo de geração do conhecimento é conduzida pelas pessoas que estudam e analisam as informações, identificam e interpretam o ambiente .

5.6 As pessoas possuem:

- Capacidades - condição favorável à compreensão ou captação de conhecimentos ou execução de ações.

- Habilidades específicas – técnicas e métodos adquiridos.
- Comportamento – ações e postura.
- Conhecimento – experiências vividas, fatos e informações recebidas que inferidos explicam e esclarecem, de modo lógico e compreensível os fenômenos do segmento de realidade.
- Saber – conjunto de conhecimentos, visão, experimentos, intuições e inferências que respaldam a confiança e certeza.

O termo Talento, utilizado nas parábolas Bíblicas identifica as condições de sucesso de cada pessoa. Atualmente, os caçadores de Talentos procuram os ``melhores`` de cada área. As pesquisas mais recentes indicam que o perfil de Talento procurado pelas Organizações é reconhecido como Perfil Empreendedor.

5.7 Competências para a Educação, com base Unesco,2013

- **Conhecimentos em Tic**

O Século XXI não se adequa a um profissional sem conhecimento da Tecnologia da Informação, Inovação e Comunicação. Muitas organizações deram início à capacitação de seus funcionários nas Tecnologias de Informação, Inovação e Comunicação pelo simples fato de não conseguirem preencher seus quadros com busca de profissionais na Sociedade. A falta de capacitação é uma realidade das mais fatais e nebulosas. As tecnologias chegaram e as pessoas não estão preparadas, sequer para usá-las, muito menos dominá-las.

Assim, a competência no uso e mais ainda no desenvolvimento da TIC como ferramenta estratégica é uma das competências mais valorosas deste mundo contemporâneo.

- **Conhecimentos nas Mídias Eletrônicas e Digitais**

Os caminhos da Comunicação na atualidade passam inexoravelmente pelas mídias eletrônicas. Um projeto, um curso, um desenho terá associado um trabalho identificado ou usado através das mídias digitais e eletrônicas. São muitas e de variados perfis, o que permite uma escolha confortável de utilização e permeio, mas o que se deseja frisar é a necessidade incondicional de conhecimento de suas potencialidades. O profissional do futuro terá conexões através e com as **Mídias Eletrônicas e Digitais.**

- **Cidadania Digital**

Em muitas profissões, e já existe um grande e razoável número, os profissionais se registram e assinam digitalmente. O Brasil iniciou um reconhecimento de certificação digital em 2015, que teve uma retraída grande, mas, não é volta. O processo de certificação e assinatura digital é certo. É o futuro e muitas áreas já adotam, como o jurídico em vários segmentos e regiões. É uma questão de tempo, para menos ou para mais a Cidadania Digital chegará, é uma competência que todos devem desenvolver.

- **Responsabilidade Social**

Esta Competência está intimamente relacionada ao trabalho de equipe, colaboração e liderança. A responsabilidade social emerge no momento muito contencioso no mundo todo onde as questões de família, questões raciais e de gênero geram polêmicas e desconforto. No trabalho e em família a responsabilidade dos relacionamentos exige a competência de ouvir, perceber, dialogar e negociar. Uma equipe tem no seu líder, ou precisa ter a condição de perceber conflitos e resolvê-los. Perceber uma demanda familiar e resolvê-la. Perceber um problema de saúde e resolvê-lo. O Gestor Líder tem a responsabilidade social de identificar as divergências e ocorrências no ambiente de sua equipe e buscar solucionar.

- **Colaboração**

Mais do que relevante, trata-se de uma competência para sobrevivência e sustentabilidade do trabalho, a condição do profissional ser colaborador e saber tratar da colaboração em sua equipe, quer seja ele líder ou liderado.

O perfil colaborador ou em condições de colaborar exige uma perspicácia de identificação de perfil, ambientes e cenários.

Para colaborar é preciso ouvir e dialogar. Trata-se de juntar ideias e compor juntos. É uma prática usual nos ambiente de entretenimento, mas pouco utilizado em ambiente de trabalho. O projeto de colaboração no Brasil teve início na década de 90, mas não foi muito adiante. Os ambientes mais radicais conseguiram abortar este modelo que ressurge com força total neste século.

- **Comunicação**

Com uma situação semelhante à competência de colaboração, a competência da comunicação tem um viés adicional que é a comunicação equivocada ou errada, ou em tempo atrasado. Contudo também é, para os dias de hoje, uma competência das mais relevantes. Um profissional precisa, inclusive, desenvolver mecanismos de comunicação e divulgação, conhecendo seus divisores. Comunicação é interna e divulgação é externa. E para cada um existe tempo e modelo. Um projeto precisa e deve ter a comunicação clara e precisa entre seus parceiros e colaboradores, mas o sigilo é preciso, em alguns casos mais do que outros, e tem o momento certo para divulgar resultados e marcos.

- **Pensamento Crítico**

Esta é a competência da reflexão. É a hora certa, o momento certo? A equipe ou a pessoa certa, a estratégia, o caminho, o processo. A tomada de decisão é do líder, ou do grupo, e exige tempo, por vezes não muito, mas é preciso refletir, analisar perdas e ganhos. Estudo de cenários. Possibilidades e alternativas de realização ou execução. Torna-se importantíssimo conhecer que "não fazer nada", pode parecer não decidir. Contudo é na verdade uma decisão de nada fazer. O que poder ser real e necessário. Em muitas ocasiões a decisão de esperar ou aguardar e nada fazer de imediato é a mais inteligente, mas é preciso frisar que foi uma decisão pensada e refletida.

- **Autoconfiança**

Esta é uma competência das mais importantes para aqueles gestores líderes. É importante ter autoconfiança para se desenvolver na vida, mais ainda para liderar grupos ou times de trabalho. Urge conhecer muito bem seu ambiente de trabalho e as pessoas do seu entorno, incluindo aquelas fora de sua equipe de trabalho. A derrubada pode vir de dentro, mas muito também vem de fora. Ter autoconfiança ajuda principalmente em não se sentir o maior, mas o que tem a maior responsabilidade com sua equipe, pois responde pela liderança. Desenvolver esta competência é conhecer seus limites e suas habilidades para dar conta das demandas impressas pelo projeto e sua equipe.

- **Inovação / Criatividade**

A inovação perpassa todos os caminhos e áreas do conhecimento. Ter criatividade está intrínseco à Inovação, mas há quem tem criatividade e nada faz. A ideia sozinha não resolve problemas. É preciso usar da criatividade e criar soluções diferentes das que já existem e ainda não resolveram os problemas. Pessoas criativas precisam ser também inovadoras. Isto significa dizer que ter ideia deve levar a realizar uma atividade inovadora. Desenvolver esta competência exige força de trabalho, pois a ideia não realizada, não é competência.

- **Competitividade**

Competitividade está diretamente ligado ao empreendedorismo e a inovação. Vale ressaltar que se pode ter um projeto competitivo e não necessariamente inovador, na gestão ou simplesmente na execução. O que significa dizer que uma solução conhecida, mas nunca realizada foi feita e resolveu o problema. Este é um profissional com a competência da competitividade. O que ninguém fez ele foi lá e fez.

- **Gerenciamento**

A competência de gerenciar é tão importante quanto liderar. Na curva de crescimento de projetos e pessoas, quando uma solução já foi definida ou desenhada, o valor do projeto está na competência do gerente de cumprir a estratégia ou sistemática definida com disciplina, qualidade e determinação. Prazo e qualidade são suas diretrizes. Saber gerenciar,quer seja o tempo, pessoas e projeto é uma competência das mais requisitadas e exige muito esforço e trabalho.

5.8 Como Fazer e Diferença com as Novas Competências

A gestão da Inovação trata de perceber a Inovação no ambiente que se deseja prospectar, identificar autores, problemas e soluções, promover seu correto registro e buscar negociação e trajetórias de instalação na sociedade desta inovação percebida e autorizada.

Para realizar esta missão e cumprir todas as etapas da Gestão da Inovação urge um perfil de gestor que trate com inteligência competitiva e cuide da Propriedade Intelectual na articulação e geração de novos negócios. Este é o desenho da proposta da Inovação Aberta, que também sugere uma mente aberta. Um indivíduo capaz de aprender sempre, um verdadeiro eterno aprendiz. Um profissional que possa cuidar das demandas do futuro que ainda não são conhecidas, mas terá condições de aprendê-las quando surgirem. Desenvolver as competências para a Inovação e Sustentabilidade do novo século pode ser a resposta para **Fazer a Diferença** neste mundo.

5.9 Referências

DALDEGAN, Hélio. "A longa distância, os celulares e a Embratel". Valor Econômico, Rio de Janeiro. 10 julho 2002

COELHO, Barreto Valdineia. O Modelo Pedagógico VM para o desenvolvimento-de-competências segundo Vasco Moretto. Rondônia: UniversoPedagogia,2014.Disponível em: < http://www.universopedagogia.com/2014/12/o-modelo-pedagogico-vm-para- o.html>

MORETTO, Vasco Pedro. Planejamento: planejando a educação para o desenvolvimento das competências. Petrópolis: Vozes, 2013MORIN, Edgar. **Introdução ao pensamento complexo**. Porto Alegre: Sulina, 2006.

Chesbrough, Henry. Open Innovation: The New Imperative for Creating and Profiting from Technology, Boston: Harvard Business School Press, 2003

Christensen, Clayton M. e Raynor, Michael E, The innovator´s solution; O crescimento pela inovação: Como crescer de forma sustentada e reinventar o sucesso Tradução de Serra, Afonso C.C Elsevier RJ -2003

BARKERJ. SEMINÁRIOS DE NIVELAMENTO - São Paulo - 199

Dalfovo, O; Amorim,N.S.- Quem Tem Informação É Mais Competitivo. Ed. Acadêmica S.C.- 2000

À Guisa de Conclusão

Os avanços tecnológicos, o intenso uso de redes, a produção globalizada, a fragmentação dos modelos de produção têm proporcionado novas formas de estruturar negócios e determinado formas inéditas de inserção em processos de produção e a configuração de novos modelos de negócios.

Aprendizado é o desenvolvimento de novas competências e o estabelecimento de novas capacitações, e não apenas ao "acesso a novas informações". Numa economia do aprendizado a capacidade de aprender é crucial para o sucesso econômico de pessoas, empresas, regiões e economias nacionais. Aprendizado e não apenas conhecimento - assim enfatiza-se mais o processo que o produto.

O que conta não é tanto o acesso a um estoque de conhecimento especializado - a chave do sucesso está no rápido aprendizado e esquecimento (quando formas ultrapassadas de realizar atividades atrapalham o aprendizado de novas formas).

Neste contexto que se sustenta em inovação permanente emerge uma nova forma de inserção nos modelos de produção, as Startups.

Startup é uma organização que nasce com uma proposta temporária em sua fase inicial, com intenso sentido de inovação, muito risco, lidando com muita incerteza e com pretensão de ser escalável.

Conhecimentos, experiências, erros e enganos condicionam-se mutuamente. Ocorrem no mesmo espaço físico, ao mesmo tempo e no mesmo contexto de sentimentos e pensamentos. Interferem na percepção, na tomada de decisão, na ação no mundo. Isso no campo da pessoa e também no campo dos grupos, no trabalho colaborativo, nos ambientes de coworking.

Vivemos imersos na dialética do complexo. Os "interesses conspiram" para decidir quais versões da realidade são legítimas sob a ótica do grupo e no direcionamento das restrições e das possibilidades.

As organizações alternativas, colaborativas também entram em contradições:

- Entre os interesses gerais e os particulares de seus integrantes
- Entre a estratégia de persuasão e a necessidade de disciplina que são obrigadas a impor
- Entre os ideais de igualdade e as necessárias hierarquias
- Entre a liberdade no trabalho e as exigências de qualidade
- Entre os laços de fraternidade e o sentido de responsabilidade
- Entre o saber comum e o saber especializado etc.

Mas num ambiente colaborativo o ato de julgar pode ser substituído pelo ato de navegar, o ato de prever pode ser complementado com atos de explorar, construir. O novo das novas ciências, sobretudo sob a ótica da transdisciplinaridade, e nas novas práticas colaborativas é a permanente combinação de saberes - conhecimentos e funções que um indivíduo, organização ou subsistema desempenham ao se inserir nas relações sinérgicas. É o sujeito cognitivo-ativo organizado quem ocupa o centro da cena.

É elevado poder de transformação social das infraestruturas digitais. As redes inauguram tempo de favorecimento ao empoderamento social. A revolução que está em curso atinge empresas tradicionais que mantêm a cultura de hierarquia e governança centralizada.

A Economia Colaborativa pratica novas formas de produção cujas relações entre os atores se estruturam em espaços horizontalizados.

Nestes espaços as pessoas compartilham seus conhecimentos, sua capacidade de produção e sua capacidade inovadora usando plataformas e mídias sociais para interagir e para produzir entre pares.

A estruturação da produção de bens materiais em redes globais de agregação compartilhada é uma demonstração destas formas contemporâneas de produção que experimentam forte desintermediação nas relações que mantêm.

Uma das capacidades mais relevantes trazidas pela interatividade e pela conectividade é a ativa participação dos consumidores, tanto entre si, entendendo as características dos produtos e serviços e suas utilizações, como na relação com os produtores, influindo decisivamente e cada vez mais intensamente nos produtos e serviços e em seus processos de produção.

O fato de as Startups serem empresas jovens que se desenvolvem em ambientes de incertezas não significa que prescindam de governança, de buscarem modelos de gestão. Pelo contrário, a velocidade das mudanças obriga a um cuidado permanente com o destino dos negócios e com a forma de lidar com os diversos agentes interatuantes no ambiente global de negócios onde a Startup está inserida.

É neste sentido que se estabelece a oportunidade deste livro e propósito de suas propostas.

ANOTAÇÕES

ANOTAÇÕES

Impressão e acabamento
Gráfica da Editora Ciência Moderna Ltda.
Tel: (21) 2201-6662